filosofía

FRAGMENTOS DE FRANKFURT
ENSAYOS SOBRE LA TEORÍA CRÍTICA

por

STEFAN GANDLER

siglo
veintiuno
editores

siglo xxi editores, s.a. de c.v.
CERRO DEL AGUA 248, ROMERO DE TERREROS, 04310, MÉXICO, D.F.

siglo xxi editores, s.a.
GUATEMALA 4824, C1425BUP, BUENOS AIRES, ARGENTINA

siglo xxi de españa editores, s.a.
MENÉNDEZ PIDAL 3 BIS, 28036, MADRID, ESPAÑA

BF173
L3318
2009   Gandler, Stefan
       Fragmentos de Frankfurt : ensayos sobre la Teoría crítica / por Stefan Gandler. — México : Siglo XXI Editores : Universidad Autónoma de Querétaro, Facultad de Ciencias Políticas y Sociales, 2009.
       144 p. — (Filosofía)
       ISBN: 978-607-03-0070-7

       1. Filosofía. I. t. II. Ser.

---

portada de ivonne murillo con una ilustración de sofía rodríguez fernández, "espirales de luz", 2009, acrílico sobre tela, 90 x 70 cm,

primera edición, 2009
© siglo xxi editores, s. a. de c. v.
en coedición con la
universidad autónoma de querétaro
facultad de ciencias políticas y sociales
centro universitario, cerro de las campanas s/n
76010, querétaro

isbn 978-607-03-0070-7

derechos reservados conforme a la ley
impreso y hecho en méxico

---

litográfica tauro
andrés molina enríquez 4428, col. viaducto
piedad, 08200, méxico, d. f.

Para Sofía,
Alissandro
y Oriana

PALABRAS LIMINARES

Al entregar a la lectora, al lector, estos *Fragmentos de Frankfurt*, que consisten en cinco ensayos, el autor se ve obligado a mirar hacia atrás, hacia la historia reciente, en especial a la de Alemania y a la de la ciudad de Frankfurt. En la modernidad han sido pocas las escuelas filosóficas cuyo nombre se haya derivado del de una ciudad. En el caso de la Teoría crítica de la sociedad esa terminología, que diluye lo conceptual en lo geográfico, ha sido ampliamente criticada, no solamente por el hecho de que la mayor parte de los textos de esta escuela no han sido redactados en Frankfurt am Main, sino en París, Nueva York, Berkeley, Los Ángeles, San Diego y otras ciudades que recibieron a los miembros del Institut für Sozialforschung [Instituto de Investigaciones Sociales] y a Walter Benjamin, debido a que, a la llegada de los nazis, se vieron obligados a salir de Alemania para poder seguir trabajando y existiendo.

Los fragmentos que se dan a conocer en las siguientes páginas son de Frankfurt, no sólo porque este nombre, a pesar de ser falso en términos históricos, es de uso común para denominar esta tradición teórica, sino, también, porque en términos genealógicos tienen una estrecha vinculación con dicha ciudad. No lo decimos tanto en el sentido de "Fragmentos *ideados* en Frankfurt", sino en el sentido de "*Ideas* fragmentadas de Frankfurt" (o también como "*Ideas* fragmentadas en Frankfurt"). Al salir de ahí en 1993, llevábamos en las maletas y en nuestras reflexiones, todo un bagaje que al empacarse, trasladarse y desempacarse quedó cada vez más fragmentado, despedazado y desintegrado. Esta *fragmentación filosófica* no es lamentable y tampoco representa una pérdida conceptual reclamable a alguna instancia de control de calidad académica. Al contrario, en términos filosóficos y conceptuales este *estrangement* (este alejamiento, esta enajenación) de Frankfurt nos ha permitido entender la Teoría crítica, como nunca lo habíamos logrado *en* Frankfurt.

Al alejarnos del lugar en donde estuvo (antes del nacionalsocialismo y, para algunos miembros, también después de la *ruptura de la civilización*) el centro de reunión de este único grupo de pensadores del siglo xx, pudimos acercarnos mucho más a sus ideas principales y a su conceptualización de la materialidad de esta ciudad, de ese país y de ese continente, así como de aquella forma de reproducción social: Frankfurt, Alemania, Europa y la forma de socialización capitalista.

Frankfurt no sólo está perdiendo los documentos originales de estos autores, como sucedió hace pocos años con el Walter Benjamin Archiv, que fue trasladado a Berlín, porque la Universidad de Frankfurt y el gobierno local no estaban dispuestos a ofrecer un espacio digno a este importante archivo, sino que además, esta ciudad y su universidad están renegando de su propia historia en términos de reflexión teórica y filosófica inspirada en la Teoría crítica.

Frankfurt tenía una tradición de menos subordinación a los gobiernos centrales que la mayoría de las ciudades alemanas, como la Friburgo de Heidegger. La ciudad se distinguía por una burguesía relativamente abierta y relativamente poco subordinada al poder del antiguo régimen feudal y sus clases dominantes. Esta burguesía de Frankfurt, y sobre todo su parte judía, generó el impulso que desembocó en la fundación de la Universidad de Frankfurt, hace casi cien años, y fueron judíos aquellos que financiaron el Institut für Sozialforschung, independiente de la Universidad pero con ciertas relaciones institucionales con ella. Por el hecho de ser una institución académica privada, no eran aplicables las leyes antisemitas de la República de Weimar y, en consecuencia, los docentes judíos podían impartir clases e investigar, lo que en ninguna otra institución científica de Alemania *antes* del nacionalsocialismo era posible.

En general y por obvias razones, esta historia específica de Frankfurt, de su Universidad y especialmente del Institut für Sozialforschung, casi no se menciona en los discursos y los escritos sobre ella. Así se reconstruyó un Frankfurt ario, en donde de repente, los capitalistas de hoy, que son los herederos de aquellos que expropiaron esta atípica burguesía de Frankfurt y mandaron a la muerte (o a veces al exilio) a sus representantes, se declaran como los verdaderos guardianes de esta tradición de Frankfurt, lo que no es solamente una monumental falsedad histórica sino que, además, significa el intento de expropiar y desaparecer *por segunda vez*, a los judíos de Frankfurt, de la ciudad, de la universidad y del Instituto de Investigaciones Sociales.

En este sentido, era necesario alejarse de lo que hoy queda en su superficie y poder ver de otra manera a este Frankfurt atípico, burgués –en el sentido de antifeudal–, lo que incluye como momento central la capacidad de inspirar, sostener y aceptar aquello que todavía se sigue llamando la *Escuela de Frankfurt*. Entonces, este nombre sólo tiene sentido al entenderlo como reminiscencia de aquella ciudad que desapareció con el nacionalsocialismo, con la destrucción de los judíos europeos y con la incapacidad de la sociedad alemana posnazi de romper verdaderamente con los restos de esta forma de pensar y actuar, así como con sus representantes más destacados. También en este sentido hablamos de *fragmentos*: de esta Frankfurt, la de la *Escuela*, sólo quedaron pedazos, fragmentos, restos petrificados, semienterrados y casi imperceptibles para la mirada actual.

Estos fragmentos son entonces, también fragmentos de memoria, tanto de la colectiva como de la individual.

La memoria colectiva. A pesar de todo, en los años ochenta e inicio de los noventa del siglo pasado se mantenía en los pasillos de Filosofía y Ciencias sociales de la Universidad de Frankfurt. Mientras estudiábamos allá, estudiantes de izquierda, que habíamos llegado a esta universidad atraídos por la fama de la Teoría crítica y con la esperanza de encontrar algo de su radicalidad conceptual, ésa que trataba de llegar hasta las raíces más profundas de las contradicciones sociales que habían sido el caldo de cultivo del nacionalsocialismo y su principal crimen: la *Shoah*, la destrucción de los judíos y gitanos europeos. Nos interesaba esta radicalidad conceptual, que trataba de rebasar los límites a los que había llegado aquel marxismo dogmático de la Unión Soviética y sus aliados, y que intentaba no quedarse atrapado con la crítica de las contradicciones de la forma de reproducción social capitalista, sino ver su decisiva relación con formas más viejas, mucho más *culturalizadas*, integradas en la civilización occidental misma, en su manera de pensar, de hablar y de actuar cotidianamente.

Al llegar a las aulas de Frankfurt, la decepción de muchos de nosotros fue bastante grande. A pesar de que la universidad no era tan derechizada como otras de Alemania, la situación académica estaba muy lejos de lo que habíamos esperado encontrar. Habermas y sus seguidores ya se habían apoderado de la mayor parte del instituto de filosofía, los maestros inspirados por la Teoría crítica en los departamentos de ciencias sociales, lenguas y letras, historia y derecho estaban en plena actitud defensiva y la derecha universitaria ocupaba cada día más espacios. Lo único que encontramos como *restos* de pensamiento y de Teoría crítica original, fueron las clases de algunos catedráticos como Alfred Schmidt, Joachim Hirsch, Jürgen Ritsert y Heinz Steinert, cursos de maestros invitados y maestros por hora y, lo que era de suma importancia, discusiones con otros estudiantes inspirados por la Teoría crítica, algunos con un amplio conocimiento de sus escritos y con una destacada capacidad de relacionar problemas políticos actuales del mundo, de Alemania, de Frankfurt y de la universidad, con los conceptos y el análisis de la Teoría crítica, por ejemplo Peter-Erwin Jansen, hoy editor de obras de Herbert Marcuse y Leo Löwenthal, así como Susanne Kill, en este entonces estudiante de historia especializada en temas relacionados con el nacionalsocialismo.

La memoria individual. Esta tensión entre, por un lado, los restos de la Teoría crítica presentes en los pasillos, en varias clases, en discusiones académico-políticas y de política universitaria y, por el otro, una presencia cada vez mayor de la derecha universitaria –que coincidía con una gran debilidad de la restante izquierda profesoral–, nos llevó a situaciones cada vez más insoportables, que impedían la misma reflexión crítica, aun en los sujetos estudiantiles (como nos habíamos llamado) más dedicados al entendimiento de la Teoría crítica de la Escuela de Frankfurt.

Para dar un solo ejemplo: pocos días antes del festejo oficial del 75 aniversario de la Johann Wolfgang Goethe-Universität Frankfurt, el autor de estas líneas fue electo democráticamente como presidente (*Vorsitzender*) del Consejo General de Estudiantes (*Allgemeiner Studentenausschuß-AStA*), órgano directivo de la Asociación de Estudiantes (*Studentenschaft*), a la cual pertenecen por ley todos los estudiantes inscritos. En 1989 todavía era posible la elección de un miembro del grupo estudiantil Plantilla izquierdista/Izquierda no dogmática (*Linke Liste/Undogmatische Linke*) –sin vinculación con ningún partido político establecido, a diferencia de los otros grupos–, aun dentro de un contexto cada vez más conservador, principalmente por una huelga nacional de estudiantes universitarios (que fue la huelga con mayor participación en toda la historia de la universidad) que tuvo su inicio en la Universidad de Frankfurt y había concluido antes de estas elecciones; durante esta huelga, algunos miembros del grupo alcanzamos una alta estimación por nuestra capacidad organizativa y argumentativa, así como por nuestra exitosa resistencia a los intentos del rector de la universidad de cooptar y subordinar a la misma a sus propios intereses. Nosotros queríamos una profunda reforma de la universidad, una ruptura definitiva con las herencias autoritarias y reaccionarias que había en su estructura y en los contenidos académicos establecidos institucionalmente, así como la superación de una creciente exclusión de pensadores críticos hacia las relaciones reinantes del profesorado. La mayoría de los estudiantes que participaron en la huelga querían, en cambio, únicamente mejorías en términos de más recursos económicos y mejores instalaciones para la universidad. A pesar de su limitación en términos de propuestas políticas, aceptamos ayudar a la organización y defensa del movimiento de los ataques del rector, con ello alcanzamos una gran popularidad en ese movimiento, aun más allá de las fronteras de la universidad de Frankfurt.

Al enterarse de esta elección, el entonces rector de la universidad, Klaus Ring, de orientación derechista y con afinidad con la extrema derecha y con políticos antisemitas como Jürgen Möllemann, entonces Secretario de Ciencias del gobierno federal –posteriormente enjuiciado por tráfico ilegal de tanques de alta potencia a países árabes en situación de conflicto militar–, fue quien revocó inmediatamente la invitación formulada con anterioridad a la Asociación de Estudiantes, de enviar a su primer representante como orador a ese festejo de aniversario.

La razón de esta insólita decisión, que no había tomado ningún rector de una universidad alemana desde el fin del nacionalsocialismo, fue que en el pasado habíamos intervenido argumentativamente recordando la mencionada historia específica de la ciudad de Frankfurt y el papel jugado por su antigua burguesía parcialmente liberal, sobre todo entre sus miembros judíos. Además habíamos criticado el intento del rector y de un sector del profesorado derechista, así como de algunos representantes de las clases dominantes en Frankfurt, de falsificar la historia de la universidad de Frankfurt, al negar la diferencia entre la burguesía prenacionalsocialista de esta ciudad que fundó y financió la universidad en sus primeros años, y la burguesía posnacionalsocialista que no sólo ya no pagaba los gastos de la universidad, por haber sido integrada al presupuesto del Estado, sino que, además, era política e históricamente opuesta a aquella burguesía liberal judía que había distinguido a la ciudad y a la universidad de Frankfurt, de otras en Alemania.

Desde los años treinta hasta los años noventa del siglo XX este *ser opuesto* llega a extremos colectivamente ignorados en el caso de varios altos representantes de empresas capitalistas de Frankfurt. El más llamativo es el caso del jefe del Deutsche Bank, Hermann Josef Abs, quien había sido el principal consejero financiero de Hitler, así como uno de los gerentes del consorcio químico IG-Farben que, durante el nacionalsocialismo, *usaba* en sus instalaciones a miles de obreros esclavos de los campos de concentración, la mayoría de ellos murió por maltrato, desnutrición y enfermedades provocadas por las indescriptibles condiciones de vida en las cuales el SS los mantenía presos, bajo acuerdo con esta empresa. Los mismos "nuevos burgueses" de la época nacionalsocialista que habían participado en los más altos puestos de este sistema –ésos que no sólo expropiaban a la parte liberal judía de la *vieja* burguesía de Frankfurt, sino que mandaron a sus miembros a las cámaras de gas, cuando no lograban huir a tiempo–, se autodeclararon sin prurito alguno como los "auténticos herederos de los fundadores de la Universidad de Frankfurt". Su plan fue festejarse con esta perversa reconstrucción de la historia de Frankfurt –implícitamente pronacionalsocialista, al negar la existencia misma de judíos en la Alemania anterior al nazismo– aprovechando los actos conmemorativos realizados en torno al 75 aniversario de la universidad.

El rector quiso impedir a toda costa que el autor de este libro, como representante electo de los estudiantes universitarios, criticara esta falsificación de la memoria y expusiera una visión diferente de la historia de la universidad de Frankfurt, en la cual nombres como Horkheimer, Adorno, Marcuse y Neumann hubieran jugado un papel central. Este último, con su libro *Behemoth*, nos ayudó en gran medida a entender la estructura del nacionalsocialismo, que describe y analiza hasta sus más pequeños detalles políticos, ideológicos y económicos. El análisis empírico-teórico del nacionalsocialismo de Neumann, junto con las respectivas reflexiones filosóficas y de teoría social, así como de ciencias sociales de los otros autores de la Teoría crítica, eran nuestros puntos de referencia centrales[1] para la inter-

---

[1] Sobre nuestro acercamiento personal al tema del nacionalsocialismo, sobre todo la *Shoah*, así como la relacionada firme orientación política hacia la izquierda no dogmática, al entender la íntima relación del nazismo con la forma de reproducción capitalista, véase con más detenimiento a Stefan Gandler, "Sobre el impacto generacional de la película de Claude Lanzmann", en *Desacatos. Revista de Antropología Social*, México, Centro de Investigaciones y Estudios en Antropología Social, número 29, enero-abril de 2009, pp. 159-170.

vención que tuvimos proyectada para el acto oficial de los 75 años. Este acto se celebraba en la *Paulskirche* (Templo de San Pablo) de Frankfurt, destacado símbolo de la democracia alemana, por haber sido el escenario del primer parlamento alemán.

Los aprendizajes, las reflexiones y la comprensión que nos habían facilitado, provocado e impulsado los textos de la Teoría crítica, iban a realizarse de una manera muy peculiar, justo en referencia a la historia de la universidad de Frankfurt, con la cual estos autores tuvieron una gran cercanía biográfica. Pero el fanatismo (y el pavor a la verdad histórica y jurídica) de aquellos ex nacionalsocialistas, que seguían en este entonces en muy altos puestos de Frankfurt y de Alemania, en complicidad con el autoritarismo del rector de la universidad, hicieron imposible que este intento de *aterrizar* las reflexiones de la *Escuela de Frankfurt* en Frankfurt mismo, en su universidad, en el momento de un destacado acto conmemorativo, se realizara.

La decisión del rector fue de tal violencia, que mandó a las fuerzas policíacas, armadas con macanas, para impedir el ingreso a la *Paulskirche* del representante democráticamente elegido por los estudiantes de la Universidad de Frankfurt, mientras varios estudiantes de derecha fueron invitados personalmente para asistir al acto. Los representantes de la autodeclarada "segunda generación de la Teoría crítica" como Habermas, o de la "tercera" como Honneth y Dubiel, no vieron ninguna necesidad de protestar en contra de este acto de censura académica, destinada a garantizar la exclusión de la postura teórica e histórica de la Teoría crítica en el 75 aniversario de la universidad de Frankfurt. Mientras los "herederos de la Teoría crítica" callaban, sólo el periódico más respetado de Alemania, de orientación conservadora, el *Frankfurter Allgemeine Zeitung*, criticaba en una nota editorial esta exclusión del acto conmemorativo.

Esta experiencia, y decenas más de muy parecida índole, fueron la razón para empacar los fragmentos de Frankfurt y salir porque, a pesar de cierta presencia *implícita* de la Teoría crítica en la universidad de Frankfurt, este lugar no nos permitía, *materialmente*, desarrollar aportaciones conceptuales más importantes. Fue hasta llegar a México, en 1993 (hermoso país con una tradición antifascista y con personajes como Isidro Fabela) que pudimos empezar a hacer productivo *realmente*, lo implícitamente conceptualizado en Frankfurt.

De manera fragmentaria, estos conceptos *críticos* han podido resistir a las condiciones sumamente adversas en Frankfurt, y se dan a conocer en las siguientes páginas como *Fragmentos de Frankfurt*. Todos, con la excepción de "El problema del Estado", fueron redactados ya radicando en México, donde los ex operadores del nacionalsocialismo y sus amigos no tienen el control de las universidades públicas.

Al reunir estos ensayos, pretendemos aportar elementos conceptuales para el rescate de una interpretación no reformista de la Teoría crítica, a contracorriente de la existente hoy en día *moda filosófica* –también en México– de quitarle la espina crítica a esta escuela teórica y de investigación social. Después de un largo periodo, en el cual se trataba a escala internacional de evadir (desde la derecha, por supuesto, pero también desde la izquierda dogmática) la radicalidad de la crítica a las relaciones sociales existentes, al obviar, silenciar y negar la importancia de las aportaciones de este único grupo de pensadores del siglo xx, la estrategia argumentativa ha cambiado últimamente; hoy en día la manera más común y a la vez la más destructivamente *efectiva*, es la que festeja, reconoce y cita sin cesar a la Teoría crítica, pero siempre cuidando pedantemente que su aportación visible sea reducida a estudios culturales, con el menor alcance social posible. Al mismo tiempo, y con la misma vehemencia, se trata de negarle relevancia *actual* a sus críticas de las relaciones sociales capitalistas.

Los textos siguientes constituyen el intento de sacar a la Teoría crítica de la *culturalización* y de la *historización*, en la cual la han sumergido sus actuales detractores –muchas veces vestidos con la piel del buen borrego, del "seguidor actualizado de la Teoría crítica"– y, con ello, hacer visible nuevamente su absoluta falta de *piedad* al criticar la tendencia destructiva y autodestructiva de la forma social que *todavía* nos toca vivir.

1. TEORÍA CRÍTICA ¿SIN FRANKFURT?

> *El desarrollo de la civilización se ha cumplido bajo el signo del verdugo; en ello están de acuerdo el Génesis, que narra la expulsión del paraíso, y las Soirées de Saint-Pétersbourg. Bajo el signo del verdugo están el trabajo y el goce. Pretender negar esto es ir contra toda ciencia y contra toda lógica. No es posible deshacerse del terror y conservar la civilización. Atenuar el primero es ya el comienzo de la disolución. De esto se pueden extraer las consecuencias más diversas: desde el culto a la barbarie fascista hasta la fuga resignada hacia los círculos del infierno. Pero se puede extraer también otra: burlarse de la lógica cuando está contra la humanidad*.
>
> HORKHEIMER y ADORNO, *Dialéctica de la ilustración*, Apunte: *Quand même*.

ELEMENTOS BÁSICOS DE LA TEORÍA CRÍTICA

La Teoría crítica de la Escuela de Frankfurt ha muerto. Reconocer este hecho es la primera condición para poder ser capaz de retomar su proyecto único, en algún momento. Esta muerte prolongada por varios decenios empezó a más tardar en los años cuarenta y cincuenta con la desintegración de uno de los pocos proyectos exitosos del siglo XX, de un grupo de investigaciones sociales no sólo multi sino también interdisciplinarias y terminó con la muerte del último miembro o representante de esta escuela: Leo Löwenthal, quien falleció en 1994 en Berkeley, California, donde trabajó en la University of California la mayor parte de su vida, al igual que su amigo y colega Herbert Marcuse. Después de la desintegración los autores de esta escuela se desarrollaron cada vez más por su propia cuenta y camino, sin embargo, ninguno de ellos se puede entender sin tomar en cuenta estos únicos momentos de muy fructífero intercambio de ideas desde finales de los años veinte hasta los cuarenta o cincuenta.

Tampoco se puede entender a estos autores (los más conocidos, además de los ya mencionados, son Max Horkheimer, Theodor W. Adorno, Otto Kirchheimer y, con cierta distancia cada vez más grande, Erich Fromm y en una relación muy ambigua Walter Benjamin) sin tomar en cuenta el contexto histórico, social y político en que se desarrollaba la Teoría crítica. Los años veinte fueron la época por la cual el "viejo continente" merecía por última vez la fama –que tiene hasta hoy– de ser una tierra fecunda para el desarrollo de la cultura y las formas de convivencia en general. Entre sus expresiones se pueden mencionar como ejemplos: el arte de vanguardia (no solamente en el inicio de la Unión Soviética); las obras de teatro moderno (como, por ejemplo, el teatro del absurdo); la música dodecafónica de Schönberg y Alban Berg, y los proyectos de un reformismo social (como por ejemplo en *das rote Wien*, "la Viena roja", donde sin precedente alguno se construyeron en pocos meses miles de viviendas para el proletariado y la clase media baja austriaca). En este entorno de los años veinte nace la Teoría crítica de la Escuela de Frankfurt.

Después de estos años siguió aquello que la Teoría críticat concibe como la "ruptura de civilización", que es imposible de olvidar porque aún está presente en la vida cotidiana no sólo de Europa sino del mundo entero (a pesar de que se suele negar este último aspecto). Esta ruptura no es Hiroshima o Nagasaki, tampoco es la segunda guerra mundial en cuanto tal, sino es lo que uno de los herederos científicos de la Teoría crítica –tal vez el más importante– llama *La destrucción de los judíos europeos*.[1] Raul Hilberg (quien logró escaparse del destino que se preveía para él en la Europa ocupada por la Alemania nacionalsocialista, nazi), dedicó toda su vida a estudiar y documentar este único proceso de matanza completamente planeada, organizada y llevada a cabo usando los grandes descubrimientos de la ciencia y los métodos industriales más avanzados. Nunca antes y nunca después habría "fábricas de la muerte" más perfectas y más racionalizadas en términos de la "razón instrumental". Este concepto clave de la Teoría crítica no se puede entender si no se entiende qué

---

[1] Raul Hilberg, *La destrucción de los judíos europeos*, trad. Cristina Piña Aldao, Madrid, Akal, 2005 [ed. original, *The destruction of the European Jews*, ed. rev. y definitiva, 3 vols, Nueva York, Holmes y Meier, 1985].

fue lo que pasó en Auschwitz, Treblinka, Majdanek, Sobibor, Bergen Belsen, Dachau, Mauthausen y los otros campos de exterminio y campos de concentración nacionalsocialistas.

Ningún otro concepto de la Teoría crítica se puede verdaderamente entender sin conocer a fondo –y no solamente de manera superficial– lo que fue este proceso casi completamente exitoso de convertir a Europa en "judenfrei" ("liberado" o "libre de judíos") como dice la más típica e importante palabra de la LTI (Linguae Tercii Imperii).[2]

Cuando un autor de esta corriente teórica habla de "la desesperación" frente a la cual habría que establecer una "filosofía que puede ser practicada responsablemente",[3] no se refiere a una "desesperación" en general, o de un mundo *sin grandes proyectos*, un mundo donde la clase media tiende a aburrirse (mientras la crisis no la salva del aburrimiento). Se refiere a algo mucho más radical, más profundo, podría decirse, existencial. Se refiere a la desesperación que provoca el conocimiento no superficial del mencionado hecho único en la historia –la Shoah–[4] en cualquier ser humano no completamente cínico y mucho más todavía en los que apenas se salvaron del "destino" que el movimiento popular nacionalsocialista les ha previsto. Toda la Teoría crítica debería haber perecido en las cámaras de gas si la historia hubiera "cumplido su destino lógico" como después diría Horkheimer.

Pero la desesperación no es solamente la de un sobreviviente, quien siempre tiene familiares y amigos que no podían escaparse de la "lógica de la historia", sino también es una desesperación a nivel conceptual teórico. Es ahí donde la Teoría crítica tiene su principal ruptura con la izquierda clásica, el movimiento obrero y el marxismo tradicional, sobre todo el marxismo dogmático al estilo de la Unión

---

[2] Victor Klemperer, *LTI. Apuntes de un filólogo*, trad. Adan Kovacsics, Barcelona, Minúscula, 2001 [ed. original, *LTI. Die unbewältigte Sprache*, Múnich, Deutscher Taschenbuch-Verlag, 1969].

[3] Theodor W. Adorno, *Mínima moralia: reflexiones desde la vida dañada*, trad. Joaquín Chamorro Mielke, Madrid, Taurus, 1987, col. Ensayistas, núm. 274, p. 247.

[4] Véase al respecto la mejor obra cineasta sobre este tema de Claude Lanzmann: *Shoah*, una película de nueve horas, hecha sin ningún actor o material de archivo sino una obra de arte basada en entrevistas con sobrevivientes o ex guardias de los campos de exterminio nacionalsocialistas (desde 1998 existe una versión en español de esta película que fue estrenada en Francia en 1985).

Soviética (en la época de esta escuela cada vez más rígida y estalinista). Es la ruptura con la creencia segura en el papel progresista-revolucionario del proletariado, en la historia de la forma de producción capitalista. Es más todavía: la ruptura con un punto esencial en la percepción del mundo moderno que desarrollaba Karl Marx.

Mucho se ha criticado a este exiliado alemán de familia judía, pero extrañamente una de sus limitaciones más graves, de mayor trascendencia, casi nunca se menciona en los cientos o miles de textos de críticos de Marx. Es exactamente el punto en que la Teoría crítica toma la más grande distancia del fundador del *socialismo científico*: esta limitación de Karl Marx *no* es lo que hoy en día se quiere hacernos creer, a saber, que no ve los aspectos "bondadosos" de la forma de producción capitalista, sino exactamente lo contrario: es su ingenuidad o mejor dicho su ignorancia hacia el grado de crueldad al cual puede llevar este sistema económico en una sociedad en la cual está vigente. Marx –en gran parte por la situación histórica en la que escribe– ve sobre todo la *explotación* como la razón del sufrimiento humano extremo que provoca esta formación social. Lo que ve de una manera sumamente limitada es el sufrimiento humano provocado *no* directamente por la lógica económica capitalista, sino incluso en ocasiones en contra de esta lógica, pero como resultado de la *psicología social* o *de masas* que corresponde a este sistema de producción.

Este Marx –a pesar de sus observaciones críticas sobre el *Carácter fetichista de la mercancía y su secreto*,[5] sus *Tesis sobre Feuerbach*,[6] y otros textos sobre la *cosificación* y la *enajenación*, partiendo de los cuales[7] la Teoría crítica desarrolla su *crítica a la ideología* (*Ideologiekritik*) para tratar de dar explicaciones para la mencionada "ruptura de civiliza-

---

[5] Véase Karl Marx, *El capital. Libro primero. El proceso de producción de capital*, t. I, trad. Manuel Sacristán, México, Grijalbo, 1979. (Publicación de los primeros dos capítulos como *El capital 2*), 4o. párrafo del capítulo primero, sobre "La Mercancía", titulado 'El carácter de fetiche de la mercancía y su secreto', pp. 41-54 (col. Textos Vivos, coordinada por Adolfo Sánchez Vázquez).

[6] Karl Marx, "Tesis sobre Feuerbach", en Karl Marx y Friedrich Engels, *La ideología alemana. Crítica de la filosofía alemana más reciente en sus representantes Feuerbach, B. Bauer y Stirner y del socialismo alemán en sus distintos profetas*, trad. Wenceslao Roces, Montevideo, Pueblos Unidos, 1959, pp. 633-635.

[7] La Teoría crítica retoma estas ideas marxianas en parte por vía del texto de György Lukács, *Historia y consciencia de clase*, sobre todo el capítulo "La cosificación y la consciencia de clase" (György Lukács, *Historia y consciencia de clase*, trad. Manuel Sacristán, Madrid, Sarpe, 1985, col. Los Grandes pensadores núm. 59).

ción"– no puede sospecharlo todavía: está fuera de su imaginación, porque en su época todavía es (por lo menos en Europa) inédito que la *maquinaria en sí* (*Maschinerie an sich*)[8] se use en contra de los intereses de la humanidad, no porque se aplique de manera capitalista (*kapitalistisch angewandte Maschinerie*) sino porque se vuelve todavía más destructiva como fábrica de la muerte.[9] Marx no podía imaginarse que los grandes capitalistas alemanes en el momento de ver "su" forma de producción amenazada por un fuerte movimiento obrero comunista y socialista opten por la vía de la destrucción generalizada, uniéndose y financiando a un movimiento sumamente antiburgués y, de primera vista, anticapitalista.

Marx se imaginaba mucho más fácil –demasiado fácil– la "muerte" del capitalismo, no podía saber que este sistema de reproducción en su agonía, podría optar por el irracionalismo absoluto, combinado con la razón instrumental altamente desarrollada, para salvarse como proyecto social y económico. Mucho menos todavía se podía imaginar en qué grado iba a participar una parte muy considerable del proletariado alemán y también europeo en este afán autodestructivo del proyecto de la ilustración, de una sociedad en la que rigen las ideas de *liberté, égalité, fraternité*.

(Cabe mencionar aquí la gran excepción de España, donde la izquierda junto con una parte de la burguesía progresista, se enfren-

---

[8] Véase Karl Marx, *El capital. Libro primero, loc. cit.*, cap. 13.

[9] Véase al respecto el mencionado estudio de Raul Hilberg o también la obra principal de su maestro académico Franz Neumann, en donde con muchos detalles se comprueba, cómo los nacionalsocialistas en muchas ocasiones violan la lógica capitalista y también la lógica militar para llevar a cabo lo más rápido posible su proyecto principal: el genocidio de los judíos y gitanos europeos (Franz Neumann, *Behemoth. Pensamiento y acción en el Nacional Socialismo*, trad. Vicente Herrero y Javier Marquez, México, Fondo de Cultura Económica, 1943, col. Sección de política. Reimpresiones: España, FCE, 1983; México, FCE, 2005 [ed. original *Behemoth. The structure and practice of national socialism*; 2a. ed. aumentada por un apéndice sobre los años 1941-1943, Nueva York, Octagon Books, 1943. Ésta última ya no se tradujo al español]). Un ejemplo es la política de trenes de los nacionalsocialistas: en el momento, cuando la guerra estaba casi perdida, pedía la comandancia del ejercito alemán que se les dieran más trenes para fines militares. Esta solicitud se negaba porque se necesitaba una parte importante de los trenes para transportar judíos y gitanos de toda Europa a los campos de exterminio, en su mayoría dentro del territorio polaco ocupado. En términos económicos-capitalistas los campos de exterminio tampoco tenían sentido, sino solamente en el sentido del mencionado proyecto clave del nacionalsocialismo.

taron de manera armada al proyecto franquista de extrema derecha, llamando una última vez, parcialmente de manera exitosa, a la realización de la vieja idea del internacionalismo proletario.)[10]

Marx sabía de los posibles "dolores de parto" que podría llevar consigo el tránsito de la forma de producción capitalista a una poscapitalista (socialista o comunista como diría) y para hacer estos dolores más cortos escribió *El capital* como dice en uno de los prólogos. Pero nunca se hubiera imaginado que este sistema económico, para salvarse, provocase las dos guerras más grandes de la historia y el genocidio más perfecto y rápido de la historia reciente, involucrando a gran parte de los (más) explotados y prácticamente a todos los Estados del mundo.[11]

A partir de esto se puede explicar por qué la Teoría crítica de la Escuela de Frankfurt siempre se ha visto como objeto de dos tipos de crítica o rechazo, sumamente distintos y hasta contradictorios.

La izquierda dogmática siempre la acusaba y acusa de ser muy floja y hasta burguesa, los llaman "marxeólogos" por sus referencias (no acríticas) a Marx que no llevan a una glorificación de los movimientos realmente existentes de la izquierda (dogmática), sobre todo de los países del hoy desaparecido "socialismo real".

---

[10] En Holanda también había una importante resistencia en contra de los nacionalsocialistas, por ejemplo la huelga general en Amsterdam en contra de deportaciones de los judíos de esta ciudad – acto único en toda Europa. Véase también el caso de Dinamarca. En relación a Europa del este habría que mencionar la fuertísima resistencia en Polonia, la Unión Soviética y Yugoslavia. En este último país, a pesar de la ocupación, había una tercera parte del territorio que las tropas de la Alemania nacionalsocialista o de la Italia fascista nunca podían invadir por la fuerte presencia partisana. Este hecho nunca se ha perdonado a este país, como se pudo ver en el afán exitoso del gobierno alemán de apoyar la desintegración y finalmente la destrucción de este Estado multinacional.

[11] Un detalle: antes de terminar la segunda guerra mundial, en el momento de máxima "productividad" de las fábricas de la muerte –había días en verano de 1944 en los cuales se mataban sólo en Auschwitz veinte mil personas diariamente en las cámaras de gas– todos (!) los países del mundo habían ya cerrado completamente sus fronteras para refugiados judíos y se hicieron así todos cómplices de la Alemania nacionalsocialista. Según Héctor Aguilar Camín se negaba, sólo durante el año 1939, la entrada a México a 104 judíos (Héctor Aguilar Camín, *La frontera nómada. Sonora y la revolución mexicana*, México, Siglo XXI Editores, 1979).

La derecha y los conservadores siempre calificaban a la Teoría crítica de "marxista", lo que para ellos era lo mismo que estar en favor del llamado socialismo real.[12] Aunque esta posición es completamente falsa, porque no llega a percibir las muy importantes diferencias entre el marxismo soviético de corte dogmático y la Teoría crítica de la sociedad de la Escuela de Frankfurt, intuye al mismo tiempo algo correcto. En el rechazo de la derecha hacia esta escuela, que a veces llegó a ser más fuerte que su rechazo hacia el marxismo soviético (que por lo menos era una teoría del poder y de cómo defender el poder y con esto comprensible para las teorías conservadoras y derechistas) sí intuyeron que la Teoría crítica era, en cierta manera, más radical en su crítica de la sociedad existente que el mismo Marx y mucho más todavía que el marxismo ortodoxo.

En México se puede observar una muy particular forma de presencia de la corriente teórica establecida por la Teoría crítica de la Escuela de Frankfurt; presencia que se manifiesta de dos maneras.[13] Por un lado, hay una cercanía en general desconocida entre la Teoría crítica y esta nación latinoamericana que a partir de la Revolución tiene una tradición antifascista y abierta hacia la izquierda de otros países. Uno de los libros más importantes de esta tendencia filosófica-social, el *Behemoth* de Franz Neumann[14] que hasta hoy es una de las obras claves para entender el nacionalsocialismo, el Fondo de Cultura Económica lo tradujo pocos meses después de publicarse en su idioma original. Erich Fromm vivió aquí un tiempo e hizo estudios

---

[12] Otro detalle: en la época del terrorismo de izquierda de la "Fracción del Ejercito Rojo (*Rote Armee Fraktion*)" en los años setenta y ochenta, a los integrantes de esta Escuela se les acusaba en la República Federal de Alemania (RFA) de ser los "padres intelectuales" de este movimiento.

[13] Esta presencia es posible, no *a pesar de* las diferencias que mantiene obviamente con Alemania y Estados Unidos, los dos países de referencia crítica más importantes para la Escuela de Frankfurt, sino justamente *a causa de* estas diferencias. Pero, no nos referimos a las diferencias que resaltan a la vista cuando nos dejamos llevar por la ideológica división del mundo por números ordinales, sino más bien a diferencias de otra índole. México todavía no es, a pesar de todos los intentos de acabar con esto, un país *pobre* cualquiera. Tiene una historia y una cultura cotidiana muy específica, que justamente lo alejaron más que cualquier país de América Latina (y probablemente de América) del proyecto fascista de los años treinta y cuarenta y del proyecto de un anticomunismo autoritario de los años cincuenta a setenta.

[14] Franz Neumann, *Behemoth. Pensamiento y acción en el Nacional Socialismo, loc, cit.*

sobre los campesinos mexicanos.[15] Herbert Marcuse vino en 1968 a dar conferencias en el contexto del movimiento estudiantil.

Al mismo tiempo hay en la recepción de los textos de esta corriente teórica, en muchos casos, la tendencia hacia una de las dos formas de lectura que arriba describimos. El hecho de que la crítica al marxismo dogmático empezó en el subcontinente latinoamericano más tarde que en Europa occidental (como importante excepción habría que mencionar a Adolfo Sánchez Vázquez quién a partir de su *Filosofía de la praxis*[16] da estimulantes aportaciones para un marxismo no dogmático) podría ser una razón de por qué muchas veces se daba aquí la mencionada lectura de la Teoría crítica como "una corriente más del pesimismo burgués". La misma circunstancia del desarrollo tardío de un marxismo no dogmático en estas latitudes, hizo más fácil, para los pensadores conservadores, el confundir cualquier marxismo crítico con el de corte dogmático.

En este ámbito, en México hay un aspecto más que se da en diferentes interpretaciones de textos de autores de la Escuela en cuestión. Pensamos en la tendencia de descontextualizar la Teoría crítica, de olvidar o ignorar la situación histórica, política y social que al inicio de este capítulo mencionamos a grandes rasgos y con esto la tendencia de ontologizar o hasta teologizar sus desesperaciones y últimas esperanzas, vinculadas directamente con la realidad que hizo posible la existencia y el tan fecundo desarrollo de esta Escuela.

Al mismo tiempo se puede observar –a veces en el mismo autor– la tendencia de "sobrecontextualizar" la Teoría crítica de la Escuela de Frankfurt y subestimar con esto, por ejemplo, sus ensayos al explicar el antisemitismo, sugiriendo que esto es un "fenómeno típico de Alemania o Europa" y por esto sin gran relevancia para México.[17]

---

[15] Véase Erich Fromm y Michael Maccoby, *Sociopsicoanálisis del campesino mexicano*. México, Fondo de Cultura Económica, 1973.

[16] Adolfo Sánchez Vázquez, *Filosofía de la praxis*, México, Grijalbo, 1967, col. Ciencias económicas y sociales (versión de la tesis de doctorado, *Sobre la praxis*, presentada en 1966 en la Facultad de Filosofía y Letras de la Universidad Nacional Autónoma de México. Nueva edición revisada y ampliada, México, Grijalbo, 1980 (col. Teoría y praxis, núm. 55), y Barcelona, Crítica, 1980; 5a. ed. México, Grijalbo, 1991, col. tratados y manuales. Edición definitiva, revisada y ampliada por el autor, México, Siglo XXI Editores, 2003.

[17] A final de cuentas hay algo en común en estas dos tendencias de interpretación a primera vista contradictorias: a nivel político-social la subestimación del peligro del antisemitismo hoy en día en el *mundo*, y a nivel filosófico el ignorar la

Para terminar esta breve exposición sobre algunos puntos problemáticos en ciertas interpretaciones de la Teoría crítica, es conveniente comentar solamente uno más: la "negatividad". En algún texto sobre esta escuela que censura la distancia crítica que mantiene respecto de los distintos poderes existentes, podemos leer "la negatividad cede ante la necesidad postergando o cancelando la posibilidad del cambio, o bien la negatividad transforma y entonces se convierte en una nueva posibilidad".[18]

Esta crítica que hace un autor conservador a la Teoría crítica de la Escuela de Frankfurt, se parece mucho a la que hacen los marxistas dogmáticos. También para ellos cualquier teoría social "seria" debe necesariamente vincularse con un proyecto de poder –que antes del derrumbe del muro de Berlín significaba vincularse con el bloque capitalista o con el bloque de llamado socialismo real–. Esto es exactamente lo que *no* querían los autores de la Teoría crítica y la importancia que tienen sus aportaciones teóricas encuentra su base entre otras razones, en este aspecto. Ello no quiere decir que buscaban la "neutralidad". La Teoría crítica *sí* tomaba claramente una posición o por lo menos trataba de hacerlo. Era una posición abiertamente partidaria en contra de la opresión y explotación del hombre por el hombre, era la posición en contra de la irracionalidad en que ha caído la ilustración, usando la más desarrollada "razón instrumental".[19] Era la posición en contra de aquellas teorías y posiciones que ven lo represivo, lo dominador, la tendencia de explotar a los otros como "algo natural" en los seres humanos, algo biológicamente definido. Era la posición que ve *todo* lo rechazable en nuestras sociedades actuales como algo histórico y social, es decir hecho por el hombre –lo cual en última instancia significa: superable por el hombre–. Pero Horkheimer y Adorno no veían ninguna fuerza política capaz de superar esta situación actual, todos los proyectos políticos de cierta fuerza que existían en su tiempo estaban lejos de aportar algo sustan-

---

relación compleja entre la realidad sociohistórica y los conceptos filosóficos y de investigación social más elevados, o bien, la profunda (es decir, innegable y a la vez en ocasiones oscura) relación entre teoría y praxis.
[18] Jaime Hernández Delgado, "El pensamiento fluctuante de Theodor Adorno", en *Ergo. Revista de Filosofía*, Universidad Veracruzana, Xalapa, Veracruz, septiembre de 1995, pp. 51-65.
[19] Véase Max Horkheimer, *Crítica de la razón instrumental*, trad. H. A. Murena y D. J. Vogelmann, Buenos Aires, Sur, 1969, 2a. ed. 1973, col. Estudios Alemanes.

cial en este sentido: el nacionalsocialismo, el fascismo, el capitalismo democrático, el estalinismo, la social democracia.

Y más allá de esta situación real sabían muy bien que lo único de que es capaz la teoría, es del análisis de la realidad y con esto la crítica de la misma (como dijo en una ocasión Karl Marx). La teoría es para los autores de la Teoría crítica incapaz de hablar sobre el futuro, sobre las posibilidades concretas de cambios sociales, esto sería hacer profecía (en este sentido la posición practicista está mucho más cerca del "mesianismo" del cual se acusa en ocasiones a la Escuela). La teoría solamente puede decir lo que *no* se debe repetir de los errores, lo cual, hablando son seriedad, ya es mucho más de lo que ha hecho la mayor parte de las teorías sociales que ha visto esta humanidad.

Si la Escuela de Frankfurt desarrolla una *Teoría crítica*, esto no significa que toman la crítica o la negatividad como una postura fija o una posición "afuera" de la realidad existente, sino como una autorrestricción y nada más. Se *limitan* al análisis crítico, sabiendo muy bien, que éste mismo está también limitado por las contradicciones que están inmersas en la dialéctica de la Ilustración. Si subrayan la importancia de la negación, lo hacen solamente porque se han dado cuenta que la razón objetiva, no instrumental, *no* es capaz de otra cosa. Saben que lo único que podemos decir científicamente sobre un mejor futuro, es el resultado del entendimiento de los errores del pasado. La "negatividad" *no* es entonces una nueva religión, como se sugiere en ciertas interpretaciones de esta escuela, sino es una utopía que quiere poder existir sin ningún autoengaño, es decir sin ninguna profecía.

La clásica formulación de una utopía negativa en este sentido, que parte solamente de la experiencia reflexionada de los fracasos precedentes y nada más, podrá dar una idea de cual es esta única combinación de un análisis frío de lo ocurrido sin caer en el cinismo[20] vuelto de moda hoy en día.

---

[20] Usamos el término "cinismo" o "cínico" en el actual sentido cotidiano y no el de la historia de la filosofía. Véase al respecto de esta distinción por ejemplo: Bolívar Echeverría, "Postmodernidad y cinismo", en Bolívar Echeverría, *Las ilusiones de la modernidad*, México, Universidad Nacional Autónoma de México/El Equilibrista, 1995, pp. 39-54.

"Vivir sin tener miedo", podrá ser para Adorno el lema de una sociedad poscapitalista; lema que a primera vista parece muy humilde y hasta banal, pero comparado con los proyectos teóricos y políticos de la izquierda dogmática y la reformista, se percata la radicalidad de esta *utopía negativa*.

Una consecuencia metodológica de este concepto central para la Teoría crítica, es el método de concentrar el análisis en los puntos más oscuros de la sociedad actual, no sólo para poderla entender mejor, sino también para encontrar los aspectos claves de una imagen negativa de una sociedad poscapitalista. Esta imagen negativa incluye únicamente los aspectos más repugnantes de la sociedad actual, como índice de lo que por ningún motivo habrá que repetir o prolongar. El antisemitismo es en este sentido, uno de los señalamientos *negativos* más claros en el camino hacia una sociedad menos represiva y menos explotadora. El hecho de que en los actuales escritos sobre la Teoría crítica muy pocos autores hacen referencia al análisis del antisemitismo realizado por los autores de este único grupo de investigadores sociales, demuestra una vez más lo irrevocable que es la muerte de esta escuela. Analizar con toda seriedad las estructuras sociales, esquemas civilizatorios y dinámicas de psicología social que hacen posible el antisemitismo e hicieron posible el exterminio de los judíos europeos, sería entonces una de las principales bases para empezar a pensar en una forma de vivir más libre. Pero ni lo primero ni lo segundo interesa a la mayoría de los científicos que en la actualidad se declararan como los auténticos herederos de la Teoría crítica de Frankfurt, Alemania o donde sea que se sientan con el *derecho territorial* de hacerlo.

Ahí es donde hay que regresar, a los centros del pensamiento de la Teoría crítica y a su gran capacidad para entrar hasta en lo más oscuro de la conciencia y del inconsciente humano, confrontando por primera vez en la historia del pensamiento, el análisis marxista con el psicoanálisis y los clásicos de la crítica a la Ilustración (Nietzsche y Sade). A partir de esta confrontación, la Teoría crítica trata de superar las mencionadas limitaciones de *el clásico* de la crítica científica a la sociedad burguesa. Para esto se concentra en lo que llama Marx la "superestructura" y que en concepciones más actuales se podría llamar la "cultura política". Estos científicos se dedicaron sobre todo al análisis de los aspectos engañosos, oscuros y falsos de la cultura política, es decir, la ideología, o como dice Marx, la conciencia necesariamente falsa –necesariamente falsa porque los aspectos más importantes de las ideologías no se deben a la propaganda, la mala información o simplemente a limitaciones intelectuales de los sujetos, sino más bien a la oscuridad, falsedad y el carácter antagónico de las relaciones sociales objetivamente existentes–.

EL ANTISEMITISMO ANALIZADO POR HORKHEIMER Y ADORNO

Un ejemplo capital de crítica a una ideología dominante en nuestros días hecho por la Teoría crítica, es su análisis del antisemitismo, ideología de alcance global desde que se mundializó con la colonización el proyecto histórico burgués-capitalista-cristiano. En estos análisis se descubre que el antisemitismo, a pesar de la primera apariencia, no es una perversión de los ideales y del proyecto en general de la Ilustración sino más bien su consecuencia *lógica*. Contradice el ideal de la *liberté* pero a la vez refleja a su manera el ideal de la *égalité*, que en última instancia no puede tolerar lo que se concibe desde la perspectiva de los supuestamente iguales como una minoría y acaba con cierta congruencia en la *Volksgemeinschaft* nacionalsocialista. Esta "comunidad del pueblo racial" es, dentro de las relaciones de producción existentes, la forma más relevante de celebrar el tercero de los antiguos ideales burgueses: la *fraternité*.

Horkheimer y Adorno formulan al respecto en su primera de las siete tesis sobre el antisemitismo:

> La armonía de la sociedad, profesada un tiempo por los judíos liberales, tuvieron que experimentarla al fin ellos mismos, sobre su propia piel, como armonía de la 'comunidad popular' racial. Creían que era el antisemitismo lo que deformaba el orden que, en realidad, no puede existir sin deformar a los hombres. La persecución de los judíos, como en la persecución en general, es inseparable de ese orden.[21]

---

[21] Theodor W. Adorno y Max Horkheimer: "Elementos del antisemitismo", en *Dialéctica de la Ilustración. Fragmentos filosóficos*, trad. Juan José Sánchez, Madrid, Trotta, 1994, p. 215.

El análisis del antisemitismo hecho por la Teoría crítica es en primer lugar una explicación de un acontecimiento histórico: la destrucción de los judíos europeos que era el proyecto clave del nacionalsocialismo, pero a la vez es una teoría general de la dominación, de la represión, sobre todo, pero no exclusivamente en las sociedades del capitalismo tardío. Esto se expresa ya en la anterior cita al igual que a lo largo de sus estudios sobre el antisemitismo y nacionalsocialismo, que no se conciben como "accidentes de la historia" como en general se afirma, sino como el cumplimiento de la "marcha lógica" de la historia universal que hay que romper para alcanzar una sociedad verdaderamente humana.[22]

En sus "Elementos del antisemitismo" Max Horkheimer y Theodor W. Adorno desarrollan distintas formas de analizar las raíces de esta ideología arquetípica de las sociedades modernas. Organizan su texto en siete tesis, cada una con una manera distinta de comprender lo incomprensible e inimaginable que pasó en Auschwitz, Treblinka, Sobibor, Majdanek, Chełmno, Bergen Belsen, Dachau, Sachsenhausen, Buchenwald, Mauthausen y los demás campos de exterminio y campos de concentración nacionalsocialistas. El antisemitismo es resultado de la contradicción entre lo particular y lo universal en la que se encuentran los judíos en las sociedades modernas, ilustradas (tesis I),[23] ellos son el objeto del odio a "la felicidad sin poder" que es para los engañados por el proyecto burgués-capitalista "intolerable porque ésa, y sólo ella sería verdaderamente felicidad" (tesis II).[24] A partir de su papel como pequeños comerciantes y prestamistas que por las leyes *cristianas* tienen en el momento de la llegada del capitalismo a ciertas sociedades de Europa del este, se les da el papel del chivo expiatorio que se responsabiliza, en representación de la clase capitalista en general (en su mayoría formada por cristianos) por todas las crueldades que implica este sistema económico social. Esta proyección de la responsabilidad de toda la clase capitalista a una minoría de sus miembros que trabajan sobre todo en la esfera de

---

[22] Véase al respecto una de las más conocidas frases de Max Horkheimer: "Mientras la historia del mundo siga su curso lógico, dejará de cumplir su destino humano" (Max Horkheimer, *Estado autoritario*, trad. y pres. Bolívar Echeverría, México, Itaca, 2006, p. 86).
[23] Theodor W. Adorno y Max Horkheimer, "Elementos del antisemitismo", *loc. cit.*, pp. 213-215.
[24] *Ibid.*, p. 217.

circulación, se debe a una conciencia falsa que se da con necesidad en la forma de producción capitalista (tesis III).[25]

El antisemitismo tiene su raíz histórica más profunda en el cristianismo, que hoy en día está perdiendo influencia a nivel religioso, pero que persiste de manera seudorracionalizada en muchos de los "valores", actitudes y estructuras de las sociedades modernas e ilustradas. Estos restos seudorracionalizados del cristianismo pueden ser incluso más peligrosos que el mismo cristianismo porque una religión puede aceptar todavía que hay otras creencias que la suya (aunque el cristianismo sí tiende al integralismo) pero los irracionalismos religiosos importados a una forma ilustrada de pensar, ya no pueden tolerar ninguna divergencia: la verdad ilustrada es única y punto. El rechazo cristiano, de manera religiosa o seudorracionalizada a otras religiones, no se concentra por casualidad en los judíos. Es el odio religioso al padre, el complejo de Edipo que tiene el cristianismo con su propio origen histórico: la religión judía. Por esto los judíos desde el momento que el cristianismo se convierte en religión oficial del imperio romano son los no cristianos más perseguidos por el cristianismo. Como el hijo, quiere matar a su padre para autoafirmarse como sujeto autónomo, el cristianismo trata de destruir su religión padre para autoafirmarse como religión propia, y para ya no ser una secta judía como lo era a lo largo de su primera época (tesis IV).[26]

El *progreso histórico* en el sentido técnico y cultural que en casi todas las teorías sociales, sean de tendencia conservadora o de izquierda, se ve como algo necesario y desde un principio bondadoso para la humanidad, es otra raíz del antisemitismo. La civilización consiste fundamentalmente en una cada vez más grande suma de prohibiciones que se hacen a los seres humanos respecto de sus deseos corporales. Al mismo tiempo, a pesar de todos los avances tecnológicos, queda un temor profundo que tienen los humanos de la naturaleza y en general de lo desconocido. En vez de usar los logros técnicos para establecer una forma más emancipada de vivir, se trata de superar de una manera falsa el miedo a lo desconocido y a lo natural por vía de su exclusión, de su represión y hasta destrucción. De ahí viene la destrucción creciente de la naturaleza exterior y la represión

---

[25] "El que la esfera de la circulación sea responsable de la explotación es una apariencia socialmente necesaria" (*Ibid.*, p. 219).

[26] *Ibid.*, pp. 221-224.

creciente de la naturaleza interior, que se expresa por ejemplo en la sexualidad completamente formalizada y controlada, o también en la comida cada vez más pobre y de menor calidad que se consume (de preferencia en no más de quince o treinta minutos), en la mayoría de los países altamente desarrollados, supuestamente.

En este contexto represivo, crece una envidia generalizada en contra de todos los que parecen ser menos reprimidos, más libres en su actuar y en el realizar sus deseos corporales. No importa ahí si estos individuos son verdaderamente más libres o no. Lo único importante es que se distinguen en ciertos aspectos de la "normalidad" y con esto provocan la sospecha de tener más libertades que aquellas que se permite a la mayoría de la población, que al no poder liberarse quieren por lo menos que los otros sean igual de reprimidos. Esto les pasa por ejemplo hoy en día a muchos mexicanos o chicanos en Estados Unidos cuando se les acusa de flojos (es decir de gozar supuestamente *demasiado* la vida) y pasó y pasa en muchos países del mundo a los judíos. Los deseos reprimidos que todos tienen, de repente parecen ser algo típico de un cierto grupo social y se rechaza entonces como algo "extraño". Por esto Horkheimer y Adorno afirman que "los hombres cegados por la civilización experimentan sus propios rasgos miméticos, marcados por el tabú, sólo en determinados gestos y comportamientos, que encuentran en los demás y que llaman la atención como restos aislados y vergonzosos en el eterno civilizado. Lo que repugna como extraño es sólo demasiado familiar" (tesis v).[27] Habrá que añadir que según esta tesis, este proceso de rechazo y persecución, una vez empezado, se autoalimenta. Los que huyen de una persecución, superan, así parece para los otros, las limitaciones que implica la sociedad sedentaria, los que gritan y se mueven impulsivamente al ser torturados parecen ser menos reprimidos en la relación con su propio cuerpo. Esto provoca todavía más odio y más afán de perseguir por parte de los que no soportan que otros *parezcan* ser menos reprimidos que ellos. "Los expulsados suscitan fatalmente el ansia de expulsar [...] En las reacciones de fuga, a la vez caóticas y regulares, de los animales inferiores, en las figuras del hormiguero, en los gestos convulsionados de los torturados aparece aquello que en la vida indigente no puede ser controlado: el impulso mimético. En la agonía de la criatura, en el extremo opuesto de la libertad,

---

[27] *Ibid.*, p. 226.

aparece irresistible la libertad como la vocación contrariada de la materia. Contra ello se dirige la idiosincrasia que el antisemitismo aduce como pretexto."[28]

Otra explicación del antisemitismo que dan Max Horkheimer y Theodor W. Adorno en este texto, es la que parte de una teoría filosófica-psicológica del conocimiento. En cada acto de conocimiento, el sujeto realiza una proyección de sus experiencias, memorias, fantasías y los deseos sobre el mundo exterior que quiere percibir. Esta proyección es necesaria para poder realmente conocer algo nuevo. Cada acto de conocimiento es una confrontación de lo ya vivido, pensado o sentido con la nueva percepción, para poder relacionar el sujeto con el objeto del conocimiento. Pero esta proyección puede darse de dos maneras que, a pesar de estar cercanas una a la otra, son sumamente distintas: son la "proyección bajo control y su degeneración en falsa proyección" (tesis VI).[29]

Hay que observar aquí la gran diferencia con la concepción positivista del "prejuicio", hoy en día predominante en las ciencias sociales al igual que en la conciencia cotidiana. En la concepción del "prejuicio" se parte de la posibilidad de distinguir entre un "juicio" fundado y un juicio emitido sin fundamentos objetivos para ello, o *antes* de tenerlos (por eso *pre*juicio). La idea central de esta concepción es que un juicio racionalmente fundado distingue clínicamente entre lo subjetivo y lo objetivo, dicho de otra manera: el sujeto tiene que procurar estar ausente como tal en el proceso de conocimiento y con esto excluir sus preferencias, recuerdos, miedos, deseos, tradiciones, etcétera. El concepto de la "proyección bajo control" de Horkheimer y Adorno, se confronta a esta concepción positivista que desde la perspectiva de una Teoría crítica es sumamente ingenua y fundadora de una fe cuasi religiosa en la potencia absoluta de la razón. La razón, dicen en otro lugar, recae con esto en un nuevo mito, el mito de la razón como fuerza absoluta e incorruptible.[30]

---

[28] *Ibid.*, pp. 227 s.
[29] *Ibid.*, p. 232.
[30] De Hegel, uno de los filósofos ilustrados que más respetan, dicen: "En el concepto de negación determinada ha resaltado Hegel un elemento que distingue a la Ilustración de la descomposición positivista, a la que él la asimila. Pero al convertir finalmente en absoluto el resultado conocido del entero proceso de la negación, es decir, la totalidad en el sistema y en la historia, contravino la prohibición y cayó, él también, en mitología. Esto no le ha acontecido solamente a su filosofía en cuan-

En el concepto de la "proyección bajo control", los autores de *Dialéctica de la Ilustración* parten en un primer momento de las limitaciones que tiene la razón en el proceso de conocimiento, para después poder salvar la importancia de la razón en un segundo momento. En este segundo sentido, se distinguen claramente de posiciones posmodernas muy de moda hace poco tiempo. La razón necesita de capacidades no racionales del mismo ser humano, como son la memoria (que tiene una selectividad en gran parte no controlable por el intelecto), deseos, miedos, preferencias, etcétera, para poder dar una *primera forma*[31] al sinnúmero de percepciones que recibimos a cada instante. Sólo comparando las imágenes, los sonidos, las sensaciones de tacto, olfato y gusto que percibimos en el *ahora* con memorias de imágenes, sonidos y sensaciones de tacto, el olfato y el gusto de *antes*, somos capaces de sacar alguna información de ellos, de ordenarlos, darles sentido y no perdernos en ellos. La memoria, a su vez, es estructurada en gran medida en relación con la simpatía o el rechazo, el deseo o el miedo que vinculamos con cada uno de los acontecimientos vividos y cada una de las sensaciones percibidas.

El segundo momento en el acto de conocimiento es según la teoría de Horkheimer y Adorno, justamente el de la razón que controla estas proyecciones para impedir que de ser una herramienta necesaria en el proceso del conocimiento, pase a dominarlo y a alejarse por completo de cualquier percepción sensual. Sólo en la presencia continua de una actitud crítica y autocrítica hacia la propia "seguridad sensual" y la autoconciencia de que esta seguridad puede ser engañosa por la permanente presencia de proyecciones *inconscientes* en cada acto de conocimiento, aunque sea el más sencillo, se puede poner bajo control la proyección y hacer de ella una verdadera herramienta en el proceso de conocimiento.[32] La actitud positivista

---

to apoteosis del pensamiento en continuo progreso, sino a la Ilustración misma en tanto que sobriedad mediante la cual ella cree distinguirse de Hegel y de la metafísica en general. Pues la Ilustración es totalitaria como ningún otro sistema." (Theodor W. Adorno y Max Horkheimer, "Concepto de Ilustración", en *Dialéctica de la Ilustración, loc. cit.*, p. 78.)

[31] Véase Sofía Rodríguez Fernández, *Primera Forma*. Querétaro, Conaculta / Universidad Autónoma de Querétaro, 2003.

[32] Ésta es una de las múltiples razones de por qué la Teoría crítica tiene este nombre: la crítica no es algo extra, o una actitud específica dentro del proceso de conocimiento en general o dentro del proceso científico, sino es un elemento *indispensable* en este proceso, sin el cual está inevitablemente destinado a fracasar.

en cambio, que parte de la ingenuidad de que, por un puro acto voluntarista, es posible alejarse de la propia subjetividad y entregarse incondicionalmente a la percepción de lo meramente objetivo, remplazando así, simplemente, los prejuicios por juicios, cae en la grave debilidad de no poder enfrentar nada sustancial a la formación de las ideologías más siniestras.

Si se niega simplemente la existencia necesaria de proyección en cada acto de conocimiento al estilo positivista, ya no hay manera de establecer mecanismos de "control" racional de la misma para impedir que sirva como instrumento para las ideologías más agresivas e incluso genocidas. Las dos maneras descritas de proyección son tan cercanas, que aquellos que construyen sus ideologías de odio a partir de la falsa proyección, se sienten en todo su derecho, porque les parece que todos, al hacer una observación, están igualmente como ellos, proyectando de manera incontrolada.[33] Niegan la diferencia de que una manera de proyección es consciente y que en la otra, hay una "ausencia de reflexión". En el antisemitismo se proyectan muchos de los propios deseos sobre los judíos, por ejemplo el deseo de tener mucho dinero se proyecta en la falsa afirmación de que todos los judíos están todo el día detrás del mismo. O la proyección de los grupos cristianos que tienen controlada casi la totalidad de los puestos de poder en el mundo y que han hecho un sinnúmero de guerras de agresión para ampliar su espacio de influencia, y que afirman que hay una "conspiración judía para controlar el mundo". Los autores de los *Elementos del antisemitismo* afirman al respecto:

Lo patológico en el antisemitismo no es el comportamineto proyectivo como tal, sino la ausencia de reflexión en el mismo. Cuando el sujeto no está más en condiciones de restituir al objeto lo que ha recibido de él, no se hace más

---

[33] Véase: "Cómo para alcanzar la verdad es siempre necesaria una cierta fuerza de imaginación, a quien carece de ella puede siempre parecerle que la verdad es fantástica y que su quimera es la verdad. El enfermo explota el elemento imaginativo inherente a la verdad misma, exponiéndolo sin cesar. Insiste democráticamente en la igualdad jurídica de su locura, porque de hecho la verdad misma no se impone con necesidad absoluta. Y si el burgués concede que el antisemita está equivocado, pretende por lo menos que también la víctima sea culpable." (Theodor W. Adorno y Max Horkheimer, "Elementos del Antisemitismo", *loc. cit.,* pp. 236 s.)

rico sino más pobre. Pierde la reflexión en ambos sentidos: al no reflejar ya al objeto, deja de reflexionar sobre sí y pierde la capacidad de la diferencia.[34]

En esta tesis queda sumamente claro lo que arriba mencionamos: en los "Elementos del antisemitismo" se rebasa en gran medida el análisis del antisemitismo y se presentan unos esbozos de invaluable importancia para una crítica penetrante de las relaciones sociales existentes y sus correspondientes formas de pensar. La explicación de los dos modos de proyección, representa una doble crítica a dos maneras de simplificar el complejo acto de conocimiento: la idealista y la positivista. La primera reduce el acto de conocimiento a uno meramente interno del sujeto, del pensamiento y de las teorías, mientras que, la segunda, "despreciada por los filósofos desde el kantismo como realismo ingenuo",[35] niega por completo la necesidad de la mencionada proyección controlada en el acto del conocimiento. No entiende que "entre el objeto real y el dato indudable de los sentidos, entre lo interno y lo externo, hay un abismo que el sujeto debe llenar a propio riesgo".[36]

A partir de estas reflexiones epistemológicas, Horkheimer y Adorno llegan a afirmaciones más generales sobre la relación de sujeto y objeto y formulan dentro de esta temática, su doble rechazo a las limitaciones del idealismo tanto como a las del positivismo.

La profundidad interior del sujeto consiste únicamente en la fragilidad y riqueza de su mundo perceptivo exterior. Si esta compenetración recíproca se quiebra, el yo se entumece. Si se agota, al modo positivista, en el acto de registrar el dato, sin dar nada de sí, queda reducido a un punto; y si, al contrario, esboza y proyecta el mundo, al modo idealista, desde el fondo sin fondo de sí mismo, se agota en una ciega repetición.[37]

La muerte de la Teoría crítica de la Escuela de Frankfurt no podrá ser superada. No se trata de competir con aquellos teóricos que se autodeclaran la segunda, tercera, etcétera generación de la Teoría crítica, sugiriendo una continuidad que no existe. Pero el proyecto

---

[34] *Ibid.*, p. 233.
[35] *Ibid.*
[36] *Ibid.*
[37] *Ibid.*, pp. 232 s.

de una Teoría crítica sí puede ser retomado, justamente aplicando su impulso más fuerte, el impulso autocrítico de la razón. Sin embargo, al retomar este proyecto, no se puede negar que hoy en día –así como en la época de Horkheimer, Adorno, Marcuse, Neumann, Benjamin, etc.– esto está por completo en contra de la corriente, incluso en contra de la corriente provocada por el aparente *declive generacional* de esta tradición teórico filosófica.Sólo la mayor lejanía posible de una remoralización de la Teoría crítica al estilo neokantiano, y a la vez la mayor distancia hacia le re-sociologización al estilo neopositivista, podría sentar las bases para retomar este proyecto teórico único del siglo XX en el siglo XXI. Son pocos los científicos en Alemania y en el Institut für Sozialforschung en Frankfurt[38] que no caen en uno de los dos errores –siguiendo en el primer caso a Habermas y en el segundo limitándose a estudios meramente descriptivos–. ¿Existe un lugar idóneo para retomar la herencia intelectual de Horkheimer, Adorno, Marcuse, Neumann, Kirchheimer, Löwenthal y Benjamin? No lo sabemos. Sin embargo, ya retomamos aquí la crítica de Walter Benjamin al supuesto *continuum* del tiempo (desarrollado en el siguiente capítulo), podría preguntarse –rompiendo con el falso *continuum* geográfico-filosófico–: ¿está acaso México más cerca de *Frankfurt* que Frankfurt de sí mismo?

---

[38] Véase al respecto también el capítulo cuatro de este libro: "Dialéctica historizada. Herederos innobles de Horkheimer y Adorno".

2. INTERRUPCIÓN DEL *CONTINUUM* HISTÓRICO EN WALTER BENJAMIN

La siguiente interpretación del texto *Über den Begriff der Geschichte* [*Sobre el concepto de historia*]¹ de Walter Benjamin sigue dos ejes principales. El primero parte de su contexto filosófico y el segundo de su entorno histórico.

Filosóficamente no queda la menor duda de que el texto sólo se puede entender si se parte del hecho de que es un escrito radicalmente materialista. Es un intento por radicalizar al materialismo crítico, no mecanicista de Marx. Esta radicalización filosófica es *necesaria* debido al entorno *histórico* durante el cual Walter Benjamin lo escribe: el nacionalsocialismo en Alemania y el fascismo en gran parte de Europa, coinciden con el fracaso de la izquierda en estos países. Es posible esta radicalización (en el sentido de llegar más cerca de las raíces de las relaciones y contradicciones existentes) del materialismo histórico, con la ayuda que Benjamin toma prestada de ciertos aspectos de la teología. El materialismo histórico de Benjamin pone a su servicio la teología, no para suavizar filosóficamente su crítica a las relaciones sociales existentes y acercarlo políticamente a la ideología burguesa. Al contrario: el materialismo histórico en la versión predominante durante la época de Walter Benjamin –como lo desarrollaron los teóricos de la socialdemocracia– se había acercado bastante a doctrinas

---

¹ Redactado en 1940. Incluido en Horkheimer, Max y Adorno, Theodor W. (eds.), *Walter Benjamin zum Gedächtnis*, Los Ángeles, Institut für Sozialforschung, 1942, 166 pp., pp. 1-6. [mimeógrafo]. Primera publicación impresa, como traducción al francés, realizada por Pierre Missac y autorizada por Max Horkheimer y Theodor W. Adorno, con el título "Sur le concept d'histoire", en *Les Temps Modernes*, París, julio-diciembre de 1947, vol. 3, núms. 22-27, pp. 624-634. Primera edición impresa del original en alemán en *Die Neue Rundschau*, 1950, vol. 61, núm. 4, pp. 560-570. En lo siguiente citamos según las ediciones, en español: Walter Benjamin, "Sobre el concepto de historia" en W. Benjamin, *Tesis sobre la historia y otros fragmentos*, trad. e introd. Bolívar Echeverría, México, Itaca/Universidad Autónoma de la Ciudad de México, 2008, pp. 31-59; en alemán: W. Benjamin, "Über den Begriff der Geschichte", en W. Benjamin, *Gesammelte Schriften*, vols. I, 2, 2a. ed. Frankfurt am Main 1978, pp. 693-704.

burguesas, y con la ayuda de la teología podría superar la limitación de su radicalidad. El punto clave en este sentido es el concepto de *tiempo*,[2] que fue retomado de manera ingenua desde la tradición establecida por la mayoría de los marxistas. Mientras que en la física ya había, por parte de Albert Einstein, una crítica radical a este concepto de tiempo como algo que avanza inmutablemente, en la filosofía, todavía no había un intento serio de superar este concepto simplista.

Marx todavía no pudo desarrollar esta crítica, en su época, con la misma radicalidad con la cual la desarrolla Benjamin, pero en su crítica al concepto de valor, desarrollado por la economía política, está ya implícito el germen para esta crítica. El pensamiento burgués, que en la física acepta por fin –con ciertas excepciones– la ruptura epistemológica que representa la teoría de la relatividad de Einstein, no lo hace en el terreno filosófico y de ciencias sociales. En la física no le queda otra opción, debido a las innegables ventajas en las aplicaciones técnicas que surgen a partir de la teoría de la relatividad, sobre todo en la física nuclear y en la astronomía, como por ejemplo en los viajes espaciales. Pero en la filosofía y en las ciencias sociales, esta ruptura epistemológica es impensable para el pensamiento burgués. ¿Por qué? Porque, como demostró Marx, la economía capitalista se basa necesariamente sobre el concepto del *tiempo* como algo lineal e inmutable. Esta concepción es ciertamente sagrada para la ideología dominante, porque el tiempo es la única medida que tiene la forma económica existente hoy en día prácticamente sobre toda la tierra, para comparar lo que en sí es incomparable: el trabajo distinto de seres humanos distintos.

La clásica división de la razón en la sociedad burguesa, analizada por la Teoría crítica, por ejemplo en la *Dialéctica de la Ilustración* de

---

[2] Véase "La idea de un progreso del género humano en la historia es inseparable de la representación de su movimiento [*Fortgang*, S.G.] como un avanzar por un tiempo homogéneo y vacío. La crítica de esta representación del movimiento histórico debe constituir el fundamento de la crítica de la idea de progreso en general" (Walter Benjamin, "Sobre el concepto de historia", *loc. cit.*, tesis XIII, pp. 50 s.; Walter Benjamin, "Über den Begriff der Geschichte", *loc. cit.*, tesis XIII, p. 701. Nota: Bolívar Echeverría traduce "Fortgang" como "movimiento", aunque la palabra tiene en alemán una clara connotación de un movimiento dirigido "hacia delante", sentido que se pierde parcialmente con la palabra española propuesta por el destacado filósofo traductor).

Max Horkheimer y Theodor W. Adorno, en la razón instrumental que se desarrolla sin límites y la razón en el sentido amplio y clásico como lo usa por ejemplo G. W. F. Hegel, o dicho de otro modo, en la razón subjetiva y la razón objetiva, se presenta también en el problema del concepto de tiempo. Mientras la razón instrumental se aprovecha en términos técnicos y prácticos de los grandes descubrimientos de Einstein, la razón objetiva está tan estancada en esta formación social, que no se encuentra en condiciones de cuestionar el concepto de tiempo en la vida cotidiana a partir de estos descubrimientos.[3]

Con la aceptación de la teoría de la relatividad para la filosofía y las ciencias sociales, se derrumbaría sin piedad todo el orden existente. Marx preparó el terreno teórico en el cual Benjamin hace esta gran revelación a la cual llega con la ayuda de ciertos métodos y herencias de la teología. La revelación de Benjamin es estrictamente materialista porque se basa en el conocimiento de que, el tiempo como algo lineal, ininterrumpido y con dirección definida, es una construcción ideológica que no se basa en ningún sustento material. Es la puerta de salida de este sistema político-económico y social aparentemente sin salida, sin la necesidad de una salvación mesiánica –en el sentido clásico de la palabra, como una salvación que viene de *afuera* de la sociedad–.

Paradójicamente, es justo la teología, la que ayudó a Benjamin a poder superar la necesidad de elementos no humanos para poder pensar o imaginarse esta salida. El elemento mesiánico que *sí* existe en el texto de Benjamin, es uno bien diferente de las ideas clásicas de salvación mesiánica que existen en muchas religiones e implícitamente también en muchas de las interpretaciones limitadas del materialismo histórico del concepto de *revolución*. Para Walter

---

[3] Para justificar este procedimiento se usa la clásica figura del pensamiento burgués en la época del capitalismo tardío, es decir, del capitalismo en su fase de dar patadas de ahogado: en vez de entender a Hegel y su dialéctica con la idea de la transformación de cambios cuantitativos en cambios cualitativos, se trata de reducir un cambio cualitativo a un cambio cuantitativo: se argumenta, que los descubrimientos de la teoría de la relatividad sobre la relatividad del tiempo, sólo son aplicables en términos de "muy grandes velocidades" o "muy grandes distancias" que supuestamente no existen en la vida cotidiana de los seres humanos. Se reduce de nuevo algo cualitativo a algo cuantitativo para poder excluir las consecuencias de muy largo alcance de la crítica al concepto de tiempo realizada por Einstein para la formación social existente.

Benjamin existe una "*débil* fuerza mesiánica"[4] en cada generación de seres humanos que puede hacerse virulenta justamente a partir del conocimiento de un concepto diferente del tiempo, es decir a partir del entendimiento de que el pasado está presente –de una manera muy diferente de lo que pensamos por lo general–, en el presente: "éramos esperados sobre la tierra",[5] por las generaciones anteriores. Mientras que en diferentes religiones se espera al Mesías y mientras que en las interpretaciones limitadas del materialismo histórico se espera un acto mesiánico que viene de fuera de la sociedad o del "cumplimiento de las leyes de la historia" (que en última instancia no es otra cosa que la esperanza a un Mesías), Benjamin traslada la esperanza de las generaciones anteriores a una que se dirige *hacia nosotros*.

El único instrumento que puede "medir" el tiempo son los relojes, que en verdad no hacen otra cosa que medir su propio ritmo autoproducido, o dicho en otras palabras: los relojes no son otra cosa que contadores de oscilaciones anteriormente producidas con la intención de tener un movimiento que se repite en lo ideal, eternamente con las mismas características. La idea de la repetición de momentos cualitativamente iguales es la base de construcción de los relojes que a su vez nos sugieren la existencia *objetiva* de este tiempo lineal, meramente cuantitativo y sin cualidades específicas. Esta idea del tiempo lineal es relativamente vieja, pero alcanza su fuerza actual con la aparición de relojes cada vez más exactos y baratos, es decir omnipresentes y con la forma económica que se basa exclusivamente sobre el aspecto cuantitativo del valor o del tiempo lineal.

Aparentemente, justo en el momento de la generalización de esta forma de producción, se llegó a medir el tiempo de manera más exacta y por esto se logró tener a los horarios cada vez más unificados, a grandes escalas geográficas, así como antes se había unificado el calendario, después de una lucha por siglos entre distintos sistemas calendarios, quedó el gregoriano como el dominante casi a escala mundial.[6] Pero el movimiento fue más complejo: esta forma social ne-

---

[4] *Ibid.*, tesis II, p. 37.
[5] *Ibid.*
[6] El último residuo de esta *guerra* de muy larga duración entre distintos calendarios por el predominio a escala mundial, era el debate –a veces grotesco– sobre si el nuevo milenio empezó el 1 de enero del año 2000 o del año 2001. Casi en ninguna de las distintas aportaciones a esta discusión, se hizo referencia a la base histórica

cesitaba de estas formas más exactas y más generalizadas para medir el tiempo según sus reglas. En una relación dialéctica entre el desarrollo de las técnicas de medir este tiempo y la necesidad social de medirlo de tal manera, así como de la capacidad política-organizativa de imponer este nuevo tiempo entre la sociedad, se llegó a una forma de percibir el tiempo y poder medirlo de la manera correspondiente.

En la supuesta homogeneidad del tiempo está también presente una de las fuerzas del etnocentrismo en su forma dominante hoy en día: el eurocentrismo. Negando el aspecto cualitativo del tiempo, concibiéndolo como "vacío",[7] se le pone fuera de la decisión colectiva y social, y absolutiza o naturaliza con esto ciertas tradiciones locales con su respectiva valoración cualitativa del tiempo (que en términos reales siempre existe, a pesar de ser sistemáticamente segado). El día domingo es entonces, fuera de toda discusión, día festivo fijo en la mayoría de los países, así como ciertos horarios de comida, descanso y trabajo. Lo que desde el punto de vista del *ethos realista*, que tiene plena presencia en el llamado primer mundo, es una forma *inexacta* o *menos seria* de actuar en relación con el tiempo que se percibe como algo objetivamente dado, podría ser entendido, entonces, de otra manera. Probablemente, se trata de una forma *diferente* o *propia* de construir y concebir el tiempo, perteneciente a otro tipo de modernidad. No se le puede juzgar o entender a partir de la construcción ideológica del tiempo que se tiene en ciertos países. Es decir, criticar el concepto dogmático del tiempo lineal y homogéneo como algo

---

de esta confusión que está, por una parte, justamente en la historia *conflictiva* de los sistemas calendarios y por otra parte, justamente en la *historicidad* de los sistemas de contar el tiempo: en el momento que se inventó el calendario gregoriano en Europa todavía no existía el concepto del cero. Por consiguiente no se podía contar en "año cero", que llevó al hecho hasta hoy existente, de que en la línea de tiempo que establece el calendario que usamos con tanto convencimiento de su objetividad, se rompe con lo establecido en la matemática moderna, de tal manera que –contando desde los números negativos– después del menos uno (-1) se brinca directamente al uno (1), sin contar el cero (0). En la disputa sobre el *verdadero* inicio del nuevo milenio casi todos los participantes partieron de la *objetividad* del calendario hoy en día dominante y sólo se disputaron sobre su interpretación correcta, sin darse cuenta que el mismo calendario es en términos de matemática moderna incorrecto. Esto es una expresión más de la incapacidad de nuestra sociedad por reflexionar *críticamente* sobre su concepto de tiempo, y darse cuenta que este concepto como existe hoy en día sólo tiene su justificación en la forma social a la que corresponde y no se debe a ninguna objetividad fuera de esta forma social.

[7] Véase *Ibid.*, tesis XIII, p. 51.

supuestamente *natural* o *dado eternamente*, podría abrir el camino a una crítica radical del etnocentrismo del noroeste europeo y estadunidense. En referencia a la afirmación de Benjamin, de que una crítica al progresismo político y teórico sólo es posible si se basa en una crítica del concepto dogmático del tiempo, se podría llegar a la conclusión, de que una crítica al eurocentrismo sólo es posible si se basa igualmente en una crítica del concepto *realista* del tiempo.[8] Ahí estaría por consiguiente un punto de enlace decisivo entre la teoría del cuádruple *ethos* de la modernidad capitalista (con especial énfasis en el *ethos* barroco) de Bolívar Echeverría, y la crítica al concepto de tiempo lineal desarrollada por Walter Benjamin.

Después de esta pequeña nota preliminar sobre el contexto (filosófico e histórico), la radicalidad y las posibles consecuencias de la teoría del tiempo presente ("Jetztzeit") en el texto sobre el concepto de historia de Benjamin, queremos abordar desde distintos ángulos, la pregunta de *¿Por qué el Ángel de la Historia mira hacia atrás?*

Esta pregunta, a partir de la cual queremos organizar nuestras siguientes interpretaciones del texto *Über den Begriff der Geschichte* [*Sobre el concepto de historia*] de Walter Benjamin, se puede enfatizar de dos maneras: la primera y la más obvia sería ¿por qué el Ángel

---

[8] Nos referimos aquí al concepto del "*ethos* realista" de Bolívar Echeverría. Este *ethos* es para Echeverría, aquel que se autoconcibe como "realista". En este *ethos* se percibe la sociedad existente con una gran ingenuidad, lo que se basa en la ilusión de la no-existencia de contradicciones básicas en esta sociedad. En este "realismo", la *realidad* no está presente tal cual en su conciencia, como piensa que así sea, sino más bien, es un realismo normativo, para decirlo de alguna manera. Parte de la idea de que las normas y reglas de juego existentes, están plenamente cumplidos en la realidad, cualquier transgresión la puede concebir solamente como *excepción* y es incapaz de concebirla como expresión de una contradicción sistemática. En este sentido el *ethos* realista es aquel que no tiene la menor capacidad de concebir una posible diferencia entre el concepto de tiempo dominante hoy en día y la realidad temporal misma. El *ethos* barroco en cambio, que tiene cierta presencia limitada en América Latina, es el que sabe de las contradicciones inherentes a la sociedad existente y podría entonces incluir, más que el realista, la capacidad de percibir el carácter *ideológico* del concepto de tiempo hoy en día reinante. Lo que la mayoría de los alemanes perciben entonces en México como *impuntualidad*, que a su vez interpretan como una forma menos racional y poco moderna de actuar, podría ser más bien una forma más inteligente de percibir las contradicciones del concepto actual de tiempo (véase por ejemplo Bolívar Echeverría, "Modernidad y capitalismo [15 tesis]", en Bolívar Echeverría, *Las ilusiones de la modernidad*, México, Universidad Nacional Autónoma de México/El Equilibrista, 1995, 200 pp.)

de la Historia *mira hacia atrás?*; la segunda manera sería ¿Por qué el *Ángel de la Historia* mira hacia atrás?

¿POR QUÉ EL *ÁNGEL DE LA HISTORIA* MIRA HACIA ATRÁS?

Vamos a empezar con esta segunda forma de acentuar la pregunta que es a la vez, la pregunta sobre el papel que juega la teología en estas notas de Benjamin. ¿Por qué es justamente un ángel la figura que mira hacia atrás? ¿Por qué no un sabio, un filósofo, un comité central o el espíritu universal? El "Ángel de la Historia", "der Engel der Geschichte"[9] del cual habla Benjamin en la tesis ix es, sin lugar a dudas, más que una mera referencia a la imagen de Paul Klee, titulada "Angelus Novus". Esta formulación en la tesis ix, se encuentra en directa relación con la primera, en la cual Benjamin menciona la importancia que tiene la teología para el materialismo histórico, al que él se propone aportar algo relevante en una época de su profunda crisis. Antes que nada es importante subrayar que Benjamin no propone abandonar el materialismo histórico para dirigirse hacia la teología. Tampoco sugiere mezclar el materialismo histórico con la teología como si fueran dos componentes de la misma categoría. Más bien, está muy claro que se trata de poner la teología al servicio del materialismo histórico, para que éste gane en contra de cualquier retador.

En la filosofía, uno puede imaginar un equivalente de ese mecanismo; está hecho para que venza siempre el muñeco que conocemos como "materialismo histórico". Puede competir sin más con cualquiera siempre que ponga a su servicio a la teología, la misma que hoy, como se sabe, además de ser pequeña y fea, no debe dejarse ver por nadie.[10]

Pero, ¿cuál es el retador más temido? ¿A quién tiene que enfrentarse el materialismo histórico en el momento que Benjamin apunta estas líneas? El autor lo dice justamente en la tesis que a su vez es la única, aparte de la citada primera tesis en la cual hace una referencia

---

[9] Walter Benjamin, "Sobre el concepto de historia", *loc. cit.*, tesis ix, pp. 44 s.
[10] *Ibid.*, tesis i, p. 35.

explícita a la teología. En la tesis x, en la cual toma cierta regla de conducta de los monjes como ejemplo a seguir, precisa este momento histórico: "En un momento en que los políticos, en quienes los adversarios del fascismo habían puesto su esperanza, yacen por tierra y refuerzan su derrota con la traición a su propia causa, esta reflexión se propone desatar al que vive en el mundo de la política de las redes en que ellos lo han envuelto".[11] En este momento, el autor propone seguir el ejemplo de los monjes: "Los temas de meditación que la regla conventual proponía a los hermanos novicios tenían la tarea de alejarlos del mundo y sus afanes. La reflexión que desarrollamos aquí procede de una determinación parecida".[12]

Ésta es una de las cosas que Benjamin piensa poder aprender de la teología: la capacidad de tomar distancia de lo inmediato de las actividades del mundo, una capacidad que por lo general no se puede desarrollar por el politicismo de la izquierda. Esto es, en el tiempo del nacionalsocialismo y el fascismo, nada obvio, ya que, como se puede entender en la frase arriba citada, es muchas veces justamente la falta de distancia hacia la propia derrota lo que desemboca en la traición a la propia causa. La enseñanza que Benjamin quiere retomar de la teología, tomada en servicio por el materialismo histórico, es la siguiente. Lo que hoy en día existe visiblemente *no* es la totalidad, no es la última palabra de la historia, hay algo fuera de la fuerza destructora casi omnipresente en la contemporaneidad de Benjamin. Es la desesperanza que predominaba en esa época, según muchos testimonios, entre los no fascistas y no nacionalsocialistas, en contra de la cual Benjamin retoma la vieja idea teológica de la esperanza,[13] aunque, por supuesto, él mismo se prohíbe hacerlo con la inmediatez de Bloch. Según esta perspectiva, es este último texto de Walter Benjamin, todo, menos que el documento de la desesperanza

---

[11] *Ibid.*, tesis x, p. 45.
[12] *Ibid.*
[13] Véase por ejemplo "[La confianza en sí, la valentía, el humor, la astucia y la incondicionalidad] van a poner en cuestión, siempre de nuevo, todos los triunfos que alguna vez favorecieron a los dominadores. Como las flores vuelven su corola hacia el sol, así también todo lo que ha sido, en virtud de un heliotropismo de estirpe secreta, tiende a dirigirse hacia *ese* sol que está por salir en el cielo de la historia" (*ibid.*, tesis iv, p. 38 s.). Este "sol que está por salir en el cielo de la historia" es sin lugar a dudas una sociedad menos represiva y explotadora que la existente.

de alguien que está a punto del suicidio, como la había interpretado en alguna ocasión José María Pérez Gay.

Una de las razones principales por la cual Benjamin se refiere a la teología es, entonces, su impulso radicalmente crítico y revolucionario, entendido en el sentido de que lo que aparentemente es una realidad de la cual en tiempos próximos no podremos salir ("el imperio de los mil años"), *no* es la totalidad de lo existente. Hay algo más de lo que se impone con poder sangriento. (Obviamente una gran parte de los religiosos y creyentes, por ejemplo, en la Alemania de esta época, no supieron entender la teología así y se sometieron de manera incondicional al proyecto destructivo nacionalsocialista. Es por esto que Benjamin afirma en la primera tesis que la teología "hoy, como se sabe, además de ser pequeña y fea, no debe dejarse ver por nadie".)[14] Este tomar distancia del mundo en su realidad actual no significa para Benjamin un retirarse de las luchas reales hacia una nueva actitud meramente contemplativa que implícitamente está en complicidad con la realidad dominante al no tocarla, así como se ha hecho en muchas de las interpretaciones "pequeñas" de la teología. Las reflexiones de Benjamin intentan –como dice enseguida después de la mención de las reglas de los conventos–: "desatar al que vive en el mundo de la política de las redes en que ellos [estos políticos] lo han envuelto".[15]

Pero la radicalidad en la comprensión de lo existente, en la cual Benjamin quiere profundizar poniendo a la teología al servicio del materialismo histórico, va más allá de la forma de ver o enfrentarse al fascismo y al nacionalsocialismo. Nos referimos aquí al punto más radical de este conjunto de notas de Benjamin: La crítica al actual concepto dominante del tiempo, como continuo y lineal. En la teología existe también la idea de la posibilidad y necesidad de interrumpir el *continuum* temporal. Existe en ella también la idea de que hay algo más allá, no solamente de lo que hoy en día se impone materialmente, sino además algo fuera de las bases conceptuales más profundas y menos cuestionadas de la formación social actualmente imperante.

La diferencia entre la teología y lo que retoma Benjamin de ella consiste en que Benjamin ve la posibilidad de esta ruptura *dentro* de este mundo. El "*Jetztzeit*" [tiempo del ahora],[16] no es el juicio final

---

[14] *Ibid.*, tesis I, p. 35.
[15] *Ibid.*, tesis X, p. 45.
[16] *Ibid.*, tesis XIV, p. 51.

y no hay que esperar la propia muerte para poder acercarse a esta nueva concepción del tiempo. La experiencia y praxis de muchas generaciones en sus actos de memoria y tradiciones vivas tienen en sí algo central de esta concepción del "tiempo del ahora". Un ejemplo podría ser, en la arquitectura religiosa, el Baptisterio de Florencia del siglo XI o XII. Su forma octangular puede ser interpretada como una referencia a un "octavo día", es decir el día, el tiempo fuera del tiempo normal, lineal.

El materialismo histórico tenía con Karl Marx un pensador que superó en muchos aspectos lo heredado por el materialismo mecánico y el idealismo. Pero esta base teórica, en muchos sentidos única, no fue retomada por largo tiempo con la radicalidad necesaria con la que la fundó Marx. Benjamin recurre a la teología para poder superar una de las razones principales de por qué el proyecto de Marx, a lo largo del tiempo, perdió tanta fuerza explicativa y tanto impulso revolucionario: las tendencias positivistas que existían de igual manera en la interpretación de los teóricos de corte socialdemócrata así como de corte estalinista.[17] La profunda convicción de los religiosos de que lo visible no es el todo, y el poder existente actual no es el único, es lo que, como tratamos de demostrar, retoma Benjamin de la tradición teológica, sin querer retomar el impulso que hace pequeña y fea a la teología: el de sacrificar justamente estos conocimientos para poder vivir con lo que Benjamin rechaza tanto: el conformismo.[18]

Por esto, es el *Ángel de la Historia* quien mira hacia atrás.

Vamos ahora al segundo modo de entender nuestra pregunta.

¿POR QUÉ EL ÁNGEL DE LA HISTORIA *MIRA HACIA ATRÁS*?

El Ángel de la Historia en las tesis de Walter Benjamin *mira hacia atrás* por tres razones:

Primero, porque *epistemológicamente* es inevitable y necesario mirar hacia atrás, o: el Ángel no puede ver adelante y tiene que mirar hacia atrás para poder *entender* su entorno.

---

[17] Véase la tesis XI, donde Benjamin habla de la "concepción positivista" de los teóricos socialdemócratas (*ibid.*, tesis XI, p. 47).

[18] Véase *ibid.*, tesis XI, p. 46.

Segundo, porque *ontológicamente* el futuro no existe, ya que el "progreso" no es una tendencia de acercamiento a un futuro mejor, sino de alejamiento del paraíso perdido; y porque el tiempo como algo homogéneo que avanza automáticamente, no existe.

Tercero, porque *políticamente* es necesario mirar hacia atrás, porque no es posible enfrentarse al nacionalsocialismo, si se le entiende como estado de excepción, opuesto a un progreso inevitable. Además, mira hacia atrás para salvar a la tradición, de la ocupación por los poderosos, porque las luchas se hacen por los muertos y vencidos de las generaciones anteriores y no por promesas del futuro.

El aspecto epistemológico

a] Benjamin quiere salvar para la teoría materialista, el conocimiento que ya existía en el idealismo objetivo de Hegel, de que el conocimiento es únicamente posible sobre lo pasado. La fantasía humana no tiene la capacidad de inventar lo radicalmente nuevo. Por esta razón no sentimos envidia hacia las generaciones futuras, porque aunque en el caso de que su vida sea mucho mejor que la nuestra, no podríamos imaginarnos esta vida profundamente diferente y mejor y, por consiguiente, no sentimos ninguna envidia hacia ella. "Una felicidad capaz de despertar envidia en nosotros –dice Benjamin en la segunda tesis– sólo la hay en el aire que hemos respirado junto con otros humanos, a los que hubiéramos podido dirigirnos; junto con las mujeres que se nos hubiesen podido entregar."[19] Y el texto sigue: "¿Acaso no nos roza, a nosotros también, una ráfaga del aire que envolvía a los de antes? ¿Acaso en las voces a las que prestamos oído no resuena el eco de otras voces que dejaron de sonar? ¿Acaso las mujeres a las que hoy cortejamos no tienen hermanas que ellas ya no llegaron a conocer?"[20]

El conocimiento tiene que basarse necesariamente sobre algo materialmente existente. Tal vez podemos detectar alguna "lógica" de algunos aspectos del desarrollo histórico, pero en última instancia no sabemos lo que realmente va a pasar, y menos aún en un mundo tan irracional –o *anárquico* cómo diría Marx–, de la formación social actual. Lo que sí nos deja restos, aunque sean a veces muy escondidos

---

[19] *Ibid.*, tesis II, p. 36.
[20] *Ibid.*, tesis II, pp. 36 s.

y difíciles de percibir, es el pasado. Éste sí está presente *materialmente* en nuestra vida cotidiana. Es decir, para ver algo a su alrededor, el Ángel de la Historia, inevitablemente tiene que ver hacia atrás.

b] Para poder percibir lo más importante de estos restos materiales que nos dejaron las generaciones anteriores, hay que dejar atrás las versiones corrientes que existen de la ciencia de la historia. Se trata de no caer en el error del historicista que usa el procedimiento de compenetración, porque ésta se da necesariamente con los vencedores de la historia. De los vencidos no sabemos nombres, ni conocemos sus rostros, así que un acercamiento emocional a ellos sería por consiguiente más difícil que uno a los vencedores, de los cuales conocemos detalladamente, por los documentos existentes, sus estados de ánimo en distintos momentos de su vida. Pero acercarse a los vencedores de antes, significa a la vez acercarse a los amos de hoy, ya que son los herederos de los vencedores de la historia.[21] Así que, para que realmente podamos entender hoy las contradicciones existentes, nos hace falta necesariamente una visión crítica y distanciada sobre la historia escrita dentro del modelo del historicismo: "el materialista histórico –escribe Benjamin–, mira como tarea suya la de cepillar la historia a contrapelo".[22] Hay que mirar con mucho cuidado y profundidad hacia atrás, para ver las heridas, las cicatrices escondidas debajo de la aparente superficie lisa de la historia. También la izquierda necesita este consejo, ya que en muchas ocasiones cayó en el error de creerle a la historia oficial y sólo ver su diferencia con el pensamiento burgués en declarar que "a partir de ahora" todo debería cambiar. Esta izquierda no veía que sólo a partir de una visión radicalmente distinta de la historia, sería posible entender mejor la sociedad existente y con esto poder cambiarla desde sus raíces más profundas.[23]

---

[21] "Y quienes dominan en cada caso son los herederos de todos aquellos que vencieron alguna vez" (*ibid.*, tesis VII, pp. 41 s.).

[22] *Ibid.*, tesis VII, pp. 42 s.

[23] Sobran ejemplos para esto, aquí nos limitamos sólo a dos: la cada vez más grande referencia afirmativa de los estalinistas a la "patria grande" de Rusia, y con esto la completa pérdida de una visión crítica sobre la tradición imperialista que había en este país hacia las otras naciones dentro de la nueva Unión Soviética. Esta falta de visión crítica, este situarse tan fácilmente en la tradición de los vencedores anteriores, era la base de una política sumamente represiva hacia las naciones no

El Ángel de la Historia mira entonces hacia atrás no sólo porque epistemológicamente no es posible conocer el futuro, sino también porque es necesario conocer verdaderamente el pasado, más allá de la historia oficial, para entender la realidad del presente.

c] Pero la necesidad de conocer el pasado, va más allá de reflexiones sobre la utilidad de este conocimiento para un posible cambio social en el presente. Hay algo que Benjamin no puede nombrar directamente, sino sólo de manera indirecta, pero es tan importante que lo menciona en varias ocasiones en el corto texto sobre el concepto de la historia. Es algo que tiene gran relevancia para el proyecto de una sociedad diferente, más libre, y a la vez se escapa de reflexiones de utilidad política. Estas últimas son, a su vez, nada más que un reflejo de la reducción que vivimos los humanos en el capitalismo, en la lucha por la subsistencia material. La lógica que surge en esta lucha nos deforma de tal manera, que incluso en el momento de intentar una ruptura con este tipo de organización social, caemos con gran regularidad en el error de repetir su lógica utilitarista y pensar todo en términos de una utilidad política, aunque sea una utilidad para la realización de un plan revolucionario o emancipador. Ésta es probablemente la razón por la que Walter Benjamin piensa que es necesario que ciertos aspectos de la teología, entren al materialismo histórico para ayudarlo a liberarse de su vinculación demasiado estrecha con el pensamiento y comportamiento burgués, o dicho en términos filosóficos: positivista. Benjamin está convencido de que, a pesar de todo, a cada generación "ha sido conferida una *débil* fuerza mesiánica a la cual el pasado tiene derecho de dirigir sus reclamos".[24] No es tanto así que tengamos que conocer lo olvidado y saber de los olvidados de la historia para poder mejor cambiar la sociedad, como antes hemos mencionado. Esto sería una interpretación de Benjamin todavía limitada. Sino más bien, tenemos la obligación de conocer la historia de los vencidos por ellos mismos. Los vencidos de la historia tienen un derecho sobre nosotros. Estamos en deuda con ellos en

---

rusas de la URSS. El otro ejemplo sería, la mayoría de la izquierda mexicana, que por muchos años se negó a ver la terrible herencia del racismo colonial dentro de México y con esto, autolimitó su posibilidad de criticar y superar el racismo antiindígena hasta hoy existente.

[24] *Ibid.*, tesis II, p. 37.

el sentido de que no podemos olvidarnos de ellos sin más. El *conocimiento* de la historia se vuelve así algo mucho más relevante que una herramienta para la futura organización: es un fin en sí mismo. Es tan importante que para tener validez no necesita el dudoso argumento adicional del futuro por construir.

La imagen verdadera del pasado *pasa* de largo velozmente [*huscht*]. El pasado sólo es atrapable como la imagen que refulge, para nunca más volver, en el instante en que se vuelve reconocible. "La verdad no se nos escapará": esta frase que proviene de Gottfried Keller indica el punto exacto, dentro de la imagen de la historia del historicismo, donde le atina el golpe del materialismo histórico. Porque la imagen verdadera del pasado es una imagen que amenaza con desaparecer con todo presente que no se reconozca aludido en ella.[25]

Lo que se pierde al no ver hacia atrás, hacia las partes difícilmente visibles del pasado, es, aparte del cumplimiento de un derecho histórico de los vencidos y asesinados de los tiempos anteriores, la posibilidad de reconocernos a nosotros mismos en esta imagen instantánea del pasado.[26] Probablemente sea la única manera de conocernos, es decir, de conocer los fundamentos de nuestra realidad actual, pero este *conocer*, no hay que entenderlo de manera positivista como una forma más de adquirir algún bien acumulado. Es un conocer fugaz, como el rayo de la tormenta que no puede ser apropiado por nadie y nos deja por un momento ver las montañas durante la noche. Es un acto que tiene su relevancia en sí mismo, no necesita justificación alguna por los efectos más o menos directos que tenga. En esto se distingue abismalmente la concepción epistemológica, presente en este texto de Benjamin, de la concepción de conocimiento de corte positivista, que tenía y tiene mucho peso aún entre aquellos que se definen como marxistas o materialistas históricos. Así como en

---

[25] *Ibid.*, tesis v, p. 39.
[26] Véanse los textos de Shoshana Felman que no por casualidad trabaja sobre Benjamin y a la vez escribió, según el juicio del propio Claude Lanzmann, el mejor texto sobre su película *Shoah*, concentrándose justamente en el problema del testimonio (y con esto del rescate de la memoria en tiempos de su destrucción sistemática) hoy en día (véase Shoshana Felman, "A l'age du témoinage: *Shoah* de Claude Lanzmann" en Bernard Cuau *et al.*, *Au sujet de* Shoah. *Le film de Claude Lanzmann*, París, Belin, 1990).

la teología el acercamiento a la verdad (en este caso, divina) tiene relevancia en sí mismo, lo tiene también para Benjamin.[27] Por esto, el Ángel de la Historia no sólo no mira hacia adelante, sino mira *necesariamente* hacia atrás.

d] Entonces, mirar hacia atrás no es *una* forma de pensar, de concebirse a sí mismo, de reflexionar sobre la realidad en la cual vivimos, sino es *la* forma de hacerlo. Pero el asunto todavía es más complicado. No se trata solamente de dejar de dirigir la mirada, la atención hacia la idea del futuro o del futuro mejor, hacia la idea del progreso incesante que nos va a liberar casi *automáticamente*, sino se trata incluso de una forma distinta de mirar, de ver, de reflexionar. *Dentro* del mismo acto reflexivo, también hay que superar la idea de un progreso inevitable e ininterrumpido. El mismo proceso de reflexión es, al igual que el proceso histórico, algo que no se puede concebir como un acto de acumulación continua de verdades, de realidades entendidas, de conceptos desarrollados o aclarados. El mismo pensamiento está en peligro de perder algo ya encontrado en cada instante. No estamos sobre un punto fijo desde el cual miramos hacia atrás, sino continuamente "se nos mueve el tapete abajo de los pies" del pensamiento. La fuerza principal que existe en relación con este problema es el *olvido*. Benjamin comparte esta idea, con otros autores de la Teoría crítica.[28] La historia de la filosofía, es en este sentido para Adorno, una historia de olvidos.

---

[27] No está por demás afirmarlo de nuevo: muchas de las versiones "pequeñas" de la teología, se olvidaron de este aspecto central en varias religiones y redujeron cada vez más el acercamiento a la verdad divina, a un *medio* para llegar a otro *fin* (como por ejemplo, pagar "deudas" adquiridas con dios por algún pecado, o para vencer algún enemigo). El problema de varias versiones de la teología es, justamente, que se orientan de manera esclavizada a la lógica impuesta por la lucha por la sobrevivencia, es decir, al modelo positivista. La crítica que hace Benjamin a la interpretación socialdemócrata del marxismo histórico, caería entonces también sobre ellos. Dicho en otras palabras, no es "la teología" que retoma Benjamin para radicalizar el materialismo histórico, sino una versión de ella que es radical y opuesta a la mayoría de las instituciones y prácticas religiosas hoy en día existentes.

[28] Nos referimos a los que hoy en día, en una confusión filosófica creciente, se llaman en ocasiones "la primera generación", en una distinción innecesaria de la llamada segunda, tercera, y seguramente en unos años más: la cuarta y quinta. *Esta* distinción es innecesaria, ya que son tendencias teóricas tan lejanas y en muchas ocasiones opuestas en aspectos claves a la Teoría crítica, que no es necesario diferenciarlos por "generaciones", porque ya están distinguidos por ser proyectos

Los pensamientos están en continuo movimiento, pero esto no es en sí razón de complacencia, porque este movimiento puede ser justamente la razón por la cual nuestro pensamiento repite eternamente lo mismo y no llega a entender justamente aquellos aspectos de la realidad que nos haría tanta falta entender. Por esto, Walter Benjamin habla de la necesidad de detener los pensamientos ("*ihre Stillstellung*").[29] El autor explica este procedimiento de la siguiente manera:

> Cuando el pensar se para de golpe en medio de una constelación saturada de tensiones, provoca en ella un *choque* que la hace cristalizar como mónada. El materialista histórico aborda un objeto histórico única y solamente allí donde éste se le presenta como mónada. En esta estructura reconoce el signo de una detención mesiánica del acaecer o, dicho de otra manera, de una oportunidad revolucionaria en la lucha por el pasado oprimido. Y la aprovecha para hacer saltar a una determinada época del curso homogéneo de la historia, de igual modo que hacer saltar de su época a una determinada vida o del conjunto de una obra a una obra determinada. El beneficio de este procedimiento reside en que *en* la obra se halla conservado y superado el conjunto de la obra, *en* ésta toda la época y *en* la época el curso entero de la historia. El fruto sustancioso de lo comprendido históricamente tiene en su *interior* al tiempo como semilla preciosa pero insípida.[30]

Para imaginarse este procedimiento, podemos pensar en la película *Shoah* de Claude Lanzmann. Es un intento excelentemente logrado, de detener el pensamiento y detener el tiempo a lo largo de más de nueve horas. En esta obra se cumple cabalmente lo que dice Benjamin en la última cita: "*en* la obra se [ha] conservado y superado el conjunto de la obra, *en* ésta toda la época y *en* la época el curso entero de la historia". Lanzmann dijo en una ocasión que su intento era no dejar solos a los muertos que murieron solos en las cámaras de gas. Nadie puede revivir a estos muertos de una muerte solitaria, pero aunque sea difícil de entender, esta muerte, de cierta manera no ha terminado: "tampoco los muertos estarán a salvo del enemigo si éste

---

filosóficos aparte (véase el capítulo cuatro de este libro: "Dialéctica historizada. Herederos innobles de Horkheimer y Adorno").

[29] Walter Benjamin, "Über den Begriff der Geschichte", *loc. cit.*, pp. 702 s. Véase en español Walter Benjamin, "Sobre el concepto de historia", *loc. cit.*, tesis XVII, p. 54.

[30] *Ibid.*, tesis XVII, pp. 54 s.

vence".³¹ De lo que se trata entonces, es de interrumpir la prolongación de la soledad de estos muertos, arrancarlos de las manos del olvido y abrirles un espacio en nuestra memoria individual y colectiva. Con esto podríamos detener la prolongación de su muerte.

La reacción inmediata, casi preprogramada de la mayoría de los alemanes y de aquellos que quieren *compenetrarse* con ellos sería: "Pero el nazismo terminó, hace más de medio siglo". Y sabemos que la frase que sigue en la cita de Benjamin también sería válida: "Y este enemigo no ha cesado de vencer". No es necesario ver a Berlusconi en Italia y a sus aliados posfascistas, o a Haider en Austria y la gran aceptación que tiene entre aquellos que se autoconciben como "conservadores", para saber por qué. En la misma Alemania, incluso en el gobierno actual, podemos ver un sinnúmero de pruebas de que este enemigo de la humanidad, del cual habla Benjamin, no ha cesado de vencer. Ésta es la razón principal por la que "no estamos de acuerdo con la mayoría de las interpretaciones contemporáneas de Walter Benjamin que se hacen dentro y fuera de Alemania, porque la mayoría de sus autores, no comparte este saber y quiere transferir el nacionalsocialismo a un elemento más en el cúmulo de historias que cuenta el historiador de formación historicista.

Entonces, el Ángel de la Historia *mira hacia atrás* porque mira hacia allá, a donde quiso detenerse pero no lo logró. Quiso detener sus pensamientos sobre un momento de la historia, pero las circunstancias no se lo permitieron, y entonces su mirada es la mirada perdida que trata de alcanzar lo que lentamente se está alejando por el horizonte. En esta interpretación, la mirada hacia atrás no es una que ve el pasado, como lo dijimos antes, sino una que trata de ver algo que hace tan sólo un instante había logrado detener por un pequeñísimo momento, pero de nuevo la fuerza del olvido se lo arrancó de la mente y de la vista, así que ve hacia atrás, a lo que llamamos de manera engañosa "el pasado", a donde se le escapó de nuevo a su pensamiento.

Estas reflexiones constituyen una forma de tratar uno de los problemas centrales para el marxismo no dogmático, el marxismo

---

³¹ *Ibid.*, tesis VI, p. 40. El pasaje completo es: "Encender en el pasado la chispa de la esperanza es un don que sólo se encuentra en *aquel* historiador que está compenetrado con esto: tampoco los muertos estarán a salvo del enemigo si éste vence. Y este enemigo no ha cesado de vencer".

occidental y también para la Teoría crítica: el problema del conocimiento. Para estas corrientes de pensamiento crítico se presentó, en la época del fascismo y el nacionalsocialismo, la pregunta de por qué muchos de los miembros anteriores de las organizaciones de masa de la vieja izquierda se sumaron con tanta facilidad a las organizaciones nacionalsocialistas y fascistas. Algunos años antes, en los años veinte, György Lukács se preguntó en *Historia y consciencia de clase* por qué la revolución, a pesar de estar objetivamente en el orden del día, no era percibida de tal manera por las masas explotadas, sobre todo el proletariado, que se había concebido en las versiones ortodoxas del marxismo como el sujeto revolucionario *per se*. El libro de Lukács, sobre todo el ensayo sobre *La cosificación y la consciencia del proletariado*, adquirió gran relevancia para el marxismo crítico, justamente por ser el primero que trata esta pregunta de una manera crítica, no perdida en el progresismo y la confianza ingenua en el proletariado.

En parte, el texto *Sobre el concepto de historia* de Benjamin, es una respuesta *sui generis* a esta pregunta. Tiene en común con los otros autores del marxismo no dogmático, la idea de que la forma de actuar del proletariado y de sus organizaciones de masa *no* se pueden explicar únicamente a partir de las relaciones económicas, así como se pensaba en ocasiones en el marxismo dogmático. En el marxismo crítico, en la Teoría crítica, se parte de la idea de que hay que analizar los problemas de *conocimiento* para poder entender la ausencia de revoluciones socialistas en Europa durante los años veinte, a pesar de que *objetivamente* sus condiciones estaban dadas según las teorías clásicas de izquierda. Es decir, el marxismo occidental, a partir del cual se desarrolla también la Teoría crítica de la Escuela de Frankfurt, se concentra en estos años en la *crítica a la ideología*. El texto de Benjamin se encuentra inscrito en este contexto. Comparte con los otros autores de esta corriente, la idea de que la ideología dominante está también en las cabezas de los oprimidos incluyendo el proletariado, y no solamente por la manipulación por parte de las instancias ideológicas de las clases dominantes, sino a partir de la realidad material existente. Las mismas profundas contradicciones de la forma social existente hacen imposible concebirla racionalmente y provocan *ellas mismas* una falsa percepción. Se puede decir que la forma de reproducción capitalista tiene la gran ventaja, en comparación con otras formaciones que existían en épocas anteriores, de tener la virtud de zafarse de la comprensión de sí misma por parte de sus propios sujetos. Por esto, Benjamin coincide con los otros pensadores del marxismo occidental en la percepción de que estando adentro de esta sociedad, no es posible entenderla, pero en una sociedad más libre sí sería probablemente posible: "Aunque, por supuesto, sólo a la humanidad redimida le concierne enteramente su pasado. Lo que quiere decir: sólo a la humanidad redimida se le ha vuelto citable su pasado en cada uno de sus momentos".[32]

Lukács ve la razón principal para este hecho en la *cosificación*, es decir, en la circunstancia de que las relaciones entre humanos adquieren la *forma* de relaciones entre cosas, sobre todo las mercancías, y se queda invisible su aspecto social. Las relaciones sociales se cosifican materialmente, porque en el capitalismo los sujetos tienen cada vez menos influencia sobre los productos hechos por ellos y sobre la relación social construida por ellos históricamente y, en consecuencia, se cosifica la conciencia. Dicho en otras palabras: lo que está en movimiento, son las relaciones sociales siempre cuestionables, que se nos presentan como algo incuestionable y sin movimiento, eternas. Lukács intenta hacer brincar precisamente esta aparente calma de, como dirían después los nacionalsocialistas, los mil años.

El enfoque de Benjamin es distinto aunque parte de la misma inquietud, o dicho de un modo más exacto: va más allá de lo planteado por Lukács. György Lukács percibe con gran talento el hecho de que el movimiento histórico se le escapó a sus propios actores, así que ellos sólo se concibieron a sí mismos como los que cumplen, sin posibilidad de decisión propia o influencia activa, un papel predeterminado. La crítica de Lukács se dirige en contra de la misma tendencia teórica y política que la de Benjamin: la socialdemocracia, es decir, la izquierda reformista (hoy también llamada *centro izquierda*), sobre todo la socialdemocracia alemana y su determinismo histórico. Lukács quería interrumpir esta idea de no poder actuar por cuenta propia fuera de las tendencias ya dadas, con la idea del *movimiento*: movimiento contra estancamiento cosificador. Benjamin va más allá de esta concepción heredada del pensamiento dialéctico de Hegel. Sabe de la importancia del movimiento en la realidad y en el pensamiento, pero también sabe que no hay que quedarse ahí, rescata la importancia de la *interrupción* del movimiento, que no es lo mismo que el no movimiento.

[32] *Ibid.*, tesis III, p. 37.

La razón de esto es el progresismo a criticar, que cimentó con su fijación en el movimiento (por supuesto como uno predeterminado), toda posibilidad de una intervención activa por parte de los sujetos de la historia. Benjamin rescata esta posibilidad con la *detención* del movimiento.

e] Hay una última forma más de concebir a nivel epistemológico, por qué el Ángel de la Historia mira hacia atrás. El ángel no mira solamente hacia atrás, para entender lo que está fuera de él, como lo hemos analizado en las interpretaciones anteriores, sino también para entenderse a sí mismo. No lo decimos en el sentido de entenderse a sí mismo a partir de conocer la propia historia, el contexto de la propia vida, sino en el sentido realmente de *verse a sí mismo*, mirando hacia atrás, o dicho de otro modo: confrontando el ayer con el hoy de manera directa, interrumpiendo el *continuum* histórico. Esto puede parecer a primera vista demasiado especulativo o casi místico, pero no lo es, lo es, en todo caso, mucho menos que la ideología del "progreso como norma histórica".[33]

Benjamin, en su texto *Sobre el concepto de historia*, nos hace aprender algo sumamente complejo del funcionamiento de la memoria en este aspecto. Sabe que se necesita una confrontación de dos momentos históricos en uno, para poder realmente entender, para realmente activar la capacidad de la memoria. A esto se refiere, entre otras cosas, cuando dice: "un secreto compromiso de encuentro [*Verabredung*] está entonces vigente entre las generaciones del pasado y la nuestra"[34] y cuando escribe: "Articular históricamente el pasado no significa conocerlo 'tal como verdaderamente fue'. Significa apoderarse de un recuerdo tal como éste relumbra en un instante de peligro. De lo que se trata para el materialismo histórico es de atrapar una imagen del pasado tal como ésta se le enfoca de repente al sujeto histórico en el instante del peligro".[35]

En el momento del peligro vemos las imágenes de los recuerdos no como algo pasado, como algo que está a distancia, separado por el tiempo de nosotros hoy, sino que, lo vemos como algo presente *en este*

---

[33] *Ibid.*, tesis VIII, p. 43.
[34] *Ibid.*, tesis II, p. 37.
[35] *Ibid.*, tesis VI, p. 40. Véase también en la tesis V, p. 39: "La imagen verdadera del pasado *pasa* de largo velozmente [*huscht*]. El pasado sólo es atrapable como la imagen que refulge, para nunca más volver, en el instante en que se vuelve reconocible".

momento. Nos confrontamos de manera inmediata con estas imágenes y nos vemos a nosotros mismos en ellas. Éste es el único momento en el cual lo que llamamos memoria es realmente capaz de hacernos entender algo nuevo. En otros actos de "memoria", no hacemos otra cosa que usar imágenes ya suavizadas y preparadas para fundamentar todo lo que de por sí estamos pensando e imaginándonos. Pero éstos no son actos de memoria, sino una citación superficial y sin seriedad de imágenes que ya están domesticadas por el signo que les dimos en el contexto de nuestras explicaciones.

Habría que entrar de pleno en el problema de la conflictiva relación entre *imagen* y *signo* que existe en el pensamiento ilustrado, para poder explicar a fondo esta problemática,[36] lo que aquí no es posible. Pero es central tener presente que en la sociedad represiva, explotadora, es decir no libre, nuestras formas de percibir tampoco son libres y en última instancia están siempre guiadas por el prehistórico miedo de desaparecer, es decir, son guiadas por los impulsos de la autoconservación. Esto provoca que signo e imagen estén en un continuo conflicto, y la imagen, en el momento de ser absorbida por el signo, pierde por completo su fuerza y su verdad. De esto sabe Benjamin y también por esto busca la interrupción de estos procesos aparentemente *normales* de ver la historia. Sólo cuando la imagen histórica tiene su pleno derecho, puede tener un efecto iluminador sobre nuestra conciencia y sólo puede tener este derecho pleno, si se confronta el momento histórico pasado de manera inmediata con nosotros. Por esto, el Ángel de la Historia se ve a sí mismo cuando ve hacia atrás. Él mismo está ahí, en el pasado, o dicho de otra manera, el momento específico del pasado está presente frente a él mismo en el mismo momento.

En un comentario sobre la nueva película *Sobibor, 14 de octubre de 1943, 16 horas*, de Claude Lanzmann, podemos ver cómo el director sabe de esto cuando realiza la película:

Hay una secuencia imposible de olvidar en la cual Lanzmann utiliza un recurso sencillo para recrear el inimaginable terror del pasado. Por un largo momento, la cámara enfoca repetidamente a una enorme manada de gansos

---

[36] Véase Max Horkheimer y Theodor W. Adorno, "Concepto de Ilustración", en *Dialéctica de la Ilustración. Fragmentos filosóficos*, trad. Juan José Sánchez, Madrid, Trotta, 1994, pp. 59-95.

blancos que están graznando. Avanzan tambaleándose en círculo, estirando los cuellos, desconcertados, chocando con pánico unos con otros, sin saber a donde ir. Después de un rato, el significado se aclara. Para camuflar, ante los demás en el campo, los gritos de las mujeres aterrorizadas que eran conducidas a la cámara de gas, los nazis mantenían una manada de gansos que soltaban en momentos cruciales. Esta escena es el eco terrible de esos momentos.[37]

En *Shoah*, Lanzmann hace regresar, por un momento, a Abraham Bomba a su antigua profesión de peluquero, para entrevistarlo en esa situación, mientras corta el pelo a un señor. Lanzmann le pregunta sobre los recuerdos del campo de exterminio nacionalsocialista. Le hace recordar y contar cómo cortó el pelo de las mujeres instantes antes de que entraran a la cámara de gas, a veces incluso dentro de la misma, antes de que cerraran las puertas. Le hace recordar esto, justo cuando repite el acto de cortar el pelo a un humano, y él cuenta cómo fue, cuando otro estilista a su lado tenía que cortar el pelo a mujeres muy cercanas y quiso morir con ellas. La escena es de las que más se nos grabaron en la mente, porque Lanzmann logró perfectamente interrumpir el *continuum* de la historia y confrontar un momento del pasado de manera inmediata, con el sobreviviente hoy fuera del control de la interpretación de signos. Esta interrupción del *continuum* de la historia abarca incluso al espectador, que pierde por un instante, aunque sea mínimo, la sensación del tiempo como homogéneo e infrenable, y se le abre un espacio para ver algo en el pasado como si fuera hoy, en este momento. O dicho de otro modo: ve de repente al sobreviviente en la cámara de gas, cortando el pelo a las mujeres instantes antes de cerrar las puertas, ve cómo él se ve ahí y ve algo que nunca había logrado ver o percibir por otros métodos.

La memoria que tan fácilmente se deja corromper, en esta sociedad corrompida por su forma económica y social, encuentra una

---

[37] Peter Lennon, "Ghosts of Sobibor", en *The Guardian*, Manchester, 27 de julio de 2001. Original: *"There is one unforgettable sequence in which Lanzmann uses a simple device to recreate the demented terror of the past. For a long moment, the camera pans repeatedly over a huge gaggle of squawking white geese. They stagger about raucously, necks stretching, bewildered, bumping against each other in panic, not knowing which way to go. After a while, the significance dawns. To camouflage the screams of the terrified women being led to the gas chamber from others in the camp, the Nazis kept a gaggle of geese which they set loose at crucial moments. This scene is the dreadful echo of those moments."*

fisura en la máquina sin piedad que llamamos *tiempo*. Y en esta pequeñísima fisura, que sólo ven los que no cierran súbitamente los ojos ante el horror que se esconde en lo que llamamos nuestro *pasado*, se abre por instantes, instantes que son una eternidad, un espacio de libertad que permite a la memoria emerger lo que había estado hundido y condenado al olvido.[38]

El aspecto ontológico

a] El Ángel de la Historia no sólo *mira* hacia atrás, sino todo su *cuerpo* está orientado hacía atrás. Todo lo que menciona la novena tesis de Walter Benjamin sobre el Ángel de la Historia está atrás, del adelante no se habla. Lo único que sabemos del adelante, es que ahí va el Ángel *en contra de su voluntad y sin poder controlarse*, empujado por una fuerza a la cual quisiera resistir sin lograrlo. Esta fuerza, tempestad o huracán, este *Sturm* como dice Benjamin, es lo que llamamos el progreso.

Pero ese *Sturm* del progreso no está orientado hacia el futuro, como se dice por lo regular, sino que viene del paraíso, nos está alejando continuamente de él. Es decir, el futuro *no existe*, sólo lo podemos *imaginar* como el potencial resultado del alejamiento del paraíso, de la incapacidad de detenernos. Pero *ontológica o materialmente*, el futuro es inexistente. Es únicamente el resultado *imaginativo* de nuestra fantasía y de nuestra incapacidad de ver con calma el presente. La idea del futuro es el resultado de la *negación* al presente que se vive plenamente, es el presente interrumpido. La fijación en la idea del futuro es a la vez la negación al derecho de las generaciones pasadas sobre nuestra *débil fuerza mesiánica*, porque la fijación en el

---

[38] No solamente los crímenes de los nacionalsocialistas están condenados al olvido, sino también los actos de resistencia, sobre todo cuando fueron realizados por judíos. Los nacionalsocialistas hicieron todo lo posible para que no quedara ningún recuerdo de la insurrección exitosa en el campo de exterminio Sobibor el 14 de octubre de 1943 a las 16 horas, en la cual lograron escapar 300 personas. Por esto se supo sólo años después algo más de esta insurrección. Los poderosos siempre temen, no solamente el recuerdo de sus actos destructivos, sino también el recuerdo de la posibilidad de que personas mucho menos armadas y bajo el más estricto control posible puedan lograr rebelarse y matar a sus vigilantes. Si el recuerdo de estos dos aspectos claves de toda la historia humana, estuvieran más presentes en nuestras mentes, la sociedad represiva y explotadora no encontraría siquiera tiempo para despedirse.

futuro es inseparable del *olvido* del pasado. Justo en el momento de no realizarse este derecho de las generaciones anteriores, se corta la banda que nos une con ellas y caemos en un abismo. A este abismo oscuro lo llamamos "futuro" en el momento de caernos hacia él, así como pueblos de otros tiempos dieron nombres a los fenómenos naturales inexplicables, para superar el miedo que les provocaba. El continuo intento de hablar sobre el futuro, planearlo e imaginarlo, no es otra cosa que el intento de nombrar lo innombrable para someterlo a nuestra lógica, que a su vez es nuestra arma tan amada para superar el miedo hacia todo lo desconocido.[39]

Pero el futuro no es solamente innombrable por no ser *perceptible* o *entendible*, así como se explicó en la parte epistemológica, sino porque *no existe*. La infinidad de discusiones dentro del positivismo sobre el problema de la *falsificación* (Popper), vienen justamente de ahí. El positivismo que busca las verdades seguras sobre la realidad existente cae, por lo general, en la trampa de pensar que puede hacer afirmaciones sobre el futuro a partir de análisis hechos sobre el pasado. Pero a la vez, sus mejores representantes se dan cuenta de que el futuro "todavía" (como dirían) no existe. Entonces, proyectan el momento de la verdad o falsedad de una teoría a un momento posterior, con la construcción de la falsificación de una teoría. Ésta no es otra cosa que el fallido intento de hacer un brinco hacia el futuro, pero reinterpretado desde un otro hoy. Se quiere reconstruir el hoy como el "futuro del ayer", y en esta construcción superar la contradicción más elemental del positivismo: su creencia ingenua en los hechos, que siempre tienen que ser hechos comprobables, comprobación que sólo puede ser realizada después que pasaron y, a la vez, su ímpetu incansable de dar conocimientos que hacen planeable el mundo existente, lo que deberá ser orientado hacia lo que llamamos el futuro.

Benjamin, quien quiere superar la debilidad teórica de la izquierda, que en gran parte se debe a la presencia relevante que tiene el pensamiento positivista en ella, detecta con mucha claridad que sólo criticando el concepto ingenuo del futuro y con esto, el concepto ingenuo del tiempo como vacío, lineal y homogéneo, puede hacer caer el edificio teórico del positivismo que tanto impresiona a los

---

[39] Véase Horkheimer y Adorno, "Concepto de Ilustración", en *Dialéctica de la ilustración, loc. cit.*, p. 70.

que no ven el suelo blando de la fe en el dios Cronos sobre el cual está construido.

b] Pero, ¿qué es la fe en el dios Cronos?
En el pasaje que probablemente es el más radical de todo este texto, Benjamin escribe:

La idea de un progreso del género humano en la historia es inseparable de la representación de su movimiento [*Fortgang*] como un avanzar por un tiempo homogéneo y vacío. La crítica de esta representación del movimiento histórico debe constituir el fundamento de la crítica de la idea de progreso en general.[40]

No es casual que muchos de los intérpretes de Benjamin, dejan a un lado en sus comentarios a este pasaje, sin el cual la radicalidad de las tesis sobre el concepto de historia no se puede percibir ni lejanamente. Esta radicalidad rebasa por mucho la alcanzada en la teoría social y en la filosofía contemporánea, tanto, que parece una locura intentar retomarla o por lo menos defenderla. Como ya expusimos en las notas preliminares, la teoría social y la filosofía nunca llegaron a retomar lo establecido por la teoría de la relatividad de Einstein.

Nunca se entendió en estos ámbitos de la ciencia, que también el tiempo al igual que la energía, la masa y la extensión física (distancia), no son, como se pensaba antes de la teoría de la relatividad, absolutos, sino que dependen cada uno de los otros. Para la teoría social y la filosofía, el aprendizaje debería ser que la concepción del tiempo como algo absoluto, como punto seguro de referencia, es la respuesta ideológica de una sociedad que es caótica, llena de contradicciones antagónicas y estructuras profundamente irracionales. Mientras la sociedad en sí no pueda dar la seguridad necesaria a sus miembros de ser una forma que les ayude a vivir en vez de dificultarlo, esta sociedad necesitará establecer estructuras fuera de ella, supuestamente dadas por las leyes naturales, que remplacen la organización racional que la misma sociedad burguesa no es capaz de ofrecer a sus miembros.[41] Es básicamente el tiempo el que sirve como medidor entre

---

[40] Walter Benjamin, "Sobre el concepto de historia", *loc. cit.*, tesis XIII, pp. 50 s.

[41] Véase al respeto Hegel, el filósofo burgués mas avanzado en su *Filosofía del*

los humanos para hacer equiparables sus productos, que desde un principio son inequiparables. El hecho de que este factor, que se declara objetivo y absoluto precisamente por ser una categoría absoluta en las ciencias naturales, se quede intacto a pesar de ser superado por estas mismas ciencias, expresa con toda claridad su carácter de *construcción ideológica*.

Pero el pensamiento positivista, tan presente en las interpretaciones socialdemócratas y estalinistas del marxismo en la época de Walter Benjamin, no puede retomar los nuevos descubrimientos de las ciencias naturales, no a pesar, sino justamente por su fijación en el método de ellas. Su relación con las ciencias naturales es por definición una relación dogmática y no crítica, así que ni siquiera le interesan los nuevos descubrimientos, porque más que dar las seguridades que los pensadores dogmáticos siempre buscan, provocan dudas, que son escenario de horror para ellos.

Walter Benjamin se percata con gran claridad de esta contradicción básica en las teorías e ideologías dominantes desde su tiempo hasta hoy. Su crítica al concepto dominante de tiempo puede parecer mística, ideológica o sumamente teológica. De cierta manera la teología le ayuda a superar las concepciones dogmáticas de la ideología positivista dominante, pero lo que busca es un concepto estrictamente materialista del tiempo, uno que no caiga en el error de declarar una de las *necesidades* de la forma de reproducción capitalista como un hecho objetivamente existente, tal como lo hace el positivismo.

Es decir, el Ángel de la Historia está orientado hacia atrás, porque es la única orientación posible en términos ontológicos. El adelante como algo existente en dirección hacia el futuro, que con el supuestamente indetenible paso del tiempo se alcanzará pronto, no tiene ninguna manera racional de ser concebido. En este sentido, el adelante no existe, es la nada, que en cada momento es declarado

---

derecho, donde parte de la idea de que la sociedad burguesa *en sí*, es incapaz de organizarse a sí misma racionalmente. Hegel trata de resolver este problema con la construcción del *Estado*, pero al final se queda con el problema sobre qué fundarlo, ya que si se basa democráticamente en la sociedad, está afectado de nuevo por la irracionalidad de ésta. Al final de cuentas también Hegel, quién siempre quiere poner la razón encima de todo, traiciona sus principios más profundos y pone por encima del anhelo humano de autoorganizarse en una sociedad burguesa, la naturaleza: el príncipe tendrá la última palabra en las decisiones del Estado y es la naturaleza quien lo elije por ser el primigenio.

existente por las necesidades de la forma de reproducción capitalista, por la dinámica de la autoconservación, que en esta sociedad es totalitaria.[42] Dicho en otras palabras: el Ángel de la Historia está orientado hacia atrás, porque hacia el "adelante" sólo se pueden orientar los creyentes en el dios Cronos, así como sólo los creyentes en ciertos dioses pueden orientar su vida hacia su fe en una futura entrada al cielo.

Paradójicamente, es justo la teología la que ayuda a Walter Benjamin a superar la creencia positivista en el dios Cronos y con esto fundar una teoría radicalmente materialista. Al final es la teología la que Walter Benjamin pone a su servicio para superar los restos teológicos en las versiones positivistas del marxismo socialdemócrata y estalinista, es decir, para superar el marxismo dogmático. En última instancia, es la vieja creencia en la salvación dentro de un espacio fuera del tiempo y fuera del mundo, la que está presente en el progresismo y en la creencia fanática en el dios Cronos. El *mesianismo* de Benjamin no es otra cosa que el intento de dejar atrás, de una vez por todas, los restos del *mesianismo* en el pensamiento que se autoconcibe como ilustrado. Así como Horkheimer y Adorno tratan de salvar el proyecto de la ilustración precisamente por la vía de su crítica radical, Walter Benjamin intenta superar definitivamente los restos mitológicos y teológicos en el pensamiento ilustrado (en su forma del positivismo), por la vía de poner a su servicio una última vez, pero esta vez conscientemente, la teología.[43]

---

[42] La dinámica de la autoconservación es totalitaria en nuestra sociedad, porque es sostenida *políticamente* por las clases reinantes a pesar de las posibilidades técnicas y económicas (en el sentido enfático) de superar su lógica como dominante.

[43] Es obvio que en ningún sentido estamos de acuerdo con las múltiples interpretaciones que reducen la relación altamente dialéctica entre el materialismo histórico y la teología en este texto de Benjamin, a una simple mixtura aguada de los dos extremos de la contradicción. Pero, así como en Marx, la confrontación dialéctica del materialismo tradicional mecanicista con el idealismo lleva a una nueva forma de materialismo, el materialismo histórico, así la confrontación de este último con la teología, lleva a una nueva forma del materialismo histórico, que todavía no tiene nombre.

Horkheimer y Adorno plantean en los "Elementos del antisemitismo"[44] que el acto de conocimiento contiene siempre un elemento de proyección, que al ser negado al estilo positivista, refuerza sus efectos por volverse incontrolable. Ellos distinguen entonces entre *proyección bajo control*, la proyección controlada por la razón consciente de que necesita la proyección para poder aprehender el mundo, y *proyección falsa*, que es la proyección negada y por esto, imposible de ser controlada. De una manera parecida se puede distinguir entre elementos teológicos controlados, porque la teoría es consciente de la ayuda que necesita de ellos, y elementos teológicos falsos, que son aquellos que son negados por la teoría y por lo mismo sus efectos irracionales se multiplican y se salen de todo control racional. El primer caso sería el de Benjamin, y el segundo el del marxismo socialdemócrata y de las otras versiones del positivismo.

c] La orientación hacia atrás del Ángel de la Historia, implica también que el Ángel avanza sin poder controlar adecuadamente sus pasos, avanza ciegamente, e incluso en contra de su voluntad: "El Ángel quisiera detenerse [...] Pero un huracán sopla desde el paraíso y se arremolina en sus alas, y es tan fuerte que el Ángel ya no puede plegarlas. Este huracán lo arrastra irresistiblemente hacia el futuro, al cual vuelve las espaldas".[45] El movimiento que realiza el Ángel es entonces un movimiento enajenado, uno que realiza sin poderlo controlar. Así es la situación del mundo actual en su condición provocada por la forma de producción capitalista: avanzamos indeteniblemente, no solamente por el progreso tecnológico, sino también por la necesidad aparentemente eterna de luchar por la sobrevivencia. Es decir, no solamente no podemos ver hacia adonde nos dirigimos, sino en el momento mismo, nuestro actuar es un actuar torpe, en cada instante podemos caernos. No poder ver a dónde vamos implica también no poder controlar nuestro cuerpo. Así como el Ángel no puede cerrar sus alas para poderse detener y hacer los movimientos que quisiera hacer, así somos nosotros en esta sociedad: fuerzas exteriores nos

---

[44] Theodor W. Adorno y Max Horkheimer, "Elementos del antisemitismo", en *Dialéctica de la Ilustración, loc. cit.*, pp. 213-250. El tema de la proyección está tratado en la tesis VI de este texto (*ibid.*, pp. 230-243). Horkheimer y Adorno distinguen entre "proyección bajo control y su degeneración en falsa proyección" (*ibid.* p. 232).

[45] Walter Benjamin, "Sobre el concepto de historia", *loc. cit.,* tesis IX, p. 44.

impiden movernos como quisiéramos, trabajamos cada vez más, pero sin decidir qué producimos, cómo usarlo y quién lo puede consumir. Corremos con la corriente, pero no así como pensaba la socialdemocracia, que el avanzar automático de la historia nos acerca cada vez más hacia el socialismo y el puro hecho de levantar los pies, es decir, de trabajar, nos acerca a la sociedad sin clases.[46] Más bien, es al revés: lo que llamamos progreso es justamente uno de los factores que nos impiden controlar nuestros pasos, nuestro cuerpo, entendido no sólo como el cuerpo individual sino también como el colectivo, es decir la sociedad. Es el progreso técnico el que nos "ayuda" a avanzar sin saber a dónde y sin poder controlar los pasos.

Esto es justamente a lo que se refiere Marx en su famoso texto sobre el fetichismo de la mercancía y su secreto en el primer tomo de *El capital*, y que György Lukács y el marxismo occidental en general retoman en el concepto de ideología como *consciencia necesariamente falsa*. Por el puro hecho de actuar, de hacer algo, de caminar según la imagen del Ángel de la Historia, pensamos que somos activos y pensamos que esta actividad nos constituye como seres libres e independientes. Por esto podemos festejar, a veces tan frenéticamente, la forma de reproducción capitalista. A la vez, y esto es el punto clave del secreto de la estabilidad ideológica de la formación social reinante, sabemos, intuimos, percibimos que es todo lo contrario a la verdad social e histórica: nuestros pasos son pasos definidos por dinámicas ajenas a nuestra voluntad, nuestro avanzar en lo tecnológico y productivo es, bajo las condiciones existentes, un retroceder en lo social, en el sentido de que con cada nuevo producto que hacemos, damos un arma más a las manos de nuestros explotadores y opresores. O dicho en las palabras de Karl Marx: con cada nuevo producto aumentamos el capital en las manos de los dueños de los medios de producción y aportamos a que se abra cada vez más el abismo entre los que venden su fuerza de trabajo como su única propiedad y los que acumulan más y más medios de producción.

---

[46] "No hay otra cosa que haya corrompido más a la clase trabajadora alemana que la idea de que *ella* nada con la corriente. El desarrollo técnico era para ella el declive de la corriente con la que creía estar nadando. De allí no había más que un paso a la ilusión de que el trabajo en las fábricas, que sería propio de la marcha del progreso técnico, constituye de por sí una acción política. Bajo una figura secularizada, la antigua moral protestante del trabajo celebraba su resurrección entre los obreros alemanes" (*ibid.*, tesis XI, p. 46).

Es esta contradicción entre *avanzar* y *retroceder*, como procesos simultáneos, la que se expresa de una manera singular en la imagen del Ángel de la Historia. Avanza, pero mirando hacia atrás y contra su voluntad, ya que quisiera detenerse. Es decir, desde la perspectiva del lugar en el cual hubiera querido detenerse, se aleja, retrocede.

Entonces, el Ángel de la Historia que camina de espaldas, es la sociedad burguesa con su formación de producción capitalista: con cada paso del avance del progreso tecnológico, industrial y organizativo (en el sentido de una organización fuera del control de la sociedad, solamente en manos de algunos, es decir una organización *instrumental*), se aleja de sus viejas promesas de *liberté, égalité, fraternité*. Con cada paso cimienta más y más profundamente las estructuras de explotación, represión y control generalizado.

d] Pero, ¿por qué el huracán sopla desde el paraíso?

Pero un huracán sopla desde el paraíso y se arremolina en sus alas, y es tan fuerte que el ángel ya no puede plegarlas. Este huracán lo arrastra irresistiblemente hacia el futuro, al cual vuelve las espaldas, mientras el cúmulo de ruinas crece ante él hasta el cielo. *Este* huracán es lo que nosotros llamamos progreso.[47]

El huracán sopla del paraíso, porque nos aleja de él, como dijimos en las interpretaciones anteriores. Pero a la vez esta imagen incluye otro aspecto, igualmente importante. Este otro aspecto abre de nuevo el campo de tensión que existe en el pensamiento dialéctico de Benjamin, educado en Marx. Este huracán, este viento que llamamos progreso, sopla del paraíso no sólo porque de esta dirección tiene que llegar para podernos alejar de este paraíso, sino también porque es una fuerza *del* paraíso mismo, que surge en él, tiene su origen en él. La exclusión del paraíso no era el *resultado* del acto de comer la fruta de la sabiduría, sino los dos eran uno y el mismo hecho. O dicho de otra manera: la exclusión del paraíso era el resultado del acto de comer la fruta del conocimiento y al mismo momento y en el mismo sentido, el deseo y la necesidad de comer esta fruta era el resultado de ser excluido del paraíso. El progreso tecnológico es desde el primer momento contradictorio: razón de nuestra infelicidad así como expresión y método principal de nuestros intentos por superarla.

---

[47] *Ibid.*, tesis IX, pp. 44 s.

Sería una interpretación sumamente limitada de Walter Benjamin el no ver esta contradicción. Benjamin no es simple y sencillamente un crítico del progreso tecnológico, sino es un crítico del progreso tecnológico *en las condiciones existentes*, es decir en la actualidad y en las condiciones de reproducción capitalista. En este punto, su posición es también fundada en Marx, pero de nuevo con el intento de radicalizarlo y de superar los momentos en los cuales Marx cae de repente en simplismos históricos.[48] En el capítulo sobre *Maquinaria y gran industria* del primer tomo de *El capital*, Marx no se cansa de hacer la distinción entre la *maquinaria en sí* y la *maquinaria aplicada de manera capitalista*.[49] En su texto *La obra de arte en la época de su reproductibilidad técnica*[50] Benjamin retoma este motivo y lo aplica a las nuevas técnicas artísticas de su época, sobre todo el cine. Este ensayo, está escrito en la misma fase que el texto *sobre el concepto de historia*, es decir, en la fase marxista de Walter Benjamin. El espíritu del texto está muy claro, Benjamin trata de salvar el cine de sus críticos conservadores y también de sus críticos de izquierda, subrayando la capacidad técnica del cine de aplicar los últimos inventos, es decir de no cerrarse al progreso de las fuerzas productivas, pero a la vez está claramente consciente, que estas nuevas posibilidades no se pueden aplicar de manera adecuada bajo las condiciones existentes de la forma económica capitalista.

Si se olvida esta dialéctica del progreso tecnológico, que a su vez es parte de lo que Horkheimer y Adorno conciben como la *dialéctica de la Ilustración*, no se puede captar en última instancia nada de la

---

[48] Así como ciertas frases del *Manifiesto del partido comunista* que se suelen citar en este contexto, en donde Marx y Engels hablan de la *inevitable* victoria del proletariado.
[49] Karl Marx, *El capital, Crítica de la economía política. Libro primero. El proceso de producción de capital*, t. I, vol. 2. Trad. Pedro Scaron. México, Siglo XXI Editores, 1975, capítulo 13: "Maquinaria y gran industria", sobre todo el subcapítulo 6: "La teoría de la compensación, respecto a los obreros desplazados por la maquinaria", pp. 533-544.
[50] Walter Benjamin, *La obra de arte en la época de su reproductibilidad técnica*, trad. Andrés E. Weikert, México, Itaca, 2003. Véase también el texto *El autor como productor* de Benjamin, en el cual expone que el autor tiene que estar siempre a la altura de su tiempo, en el sentido de estar a la altura de las técnicas literarias existentes, y a la vez tiene que ser *productor*, no sólo de textos, sino de nuevas fuerzas productivas en la literatura, es decir de nuevas técnicas literarias (Walter Benjamin, *El autor como productor*, trad. Bolívar Echeverría, México, Itaca, 2004).

radicalidad del pensamiento de Benjamin. El huracán del progreso *viene del paraíso*, tiene su origen ahí, es en sí algo con ciertas fuerzas paradisiacas y, a la vez, es lo que nos aleja del paraíso, lo que nos impide, por lo menos en las relaciones dominantes, actuar libremente y detenernos ahí donde sería necesario.

La inseguridad que provoca esta frase sobre el origen del huracán en el texto de Benjamin, viene de la contradicción inherente a esta imagen. El huracán impide al Ángel de la Historia ayudar a los destrozados, lo arrastra, pero viene del paraíso. Las explicaciones que dimos al inicio de la parte ontológica, solamente son correctas si se entienden en el contexto de esta última, que es su contraparte. La fuerza de este viento *no* es el progreso como lo entendió ingenuamente la socialdemocracia –y también el estalinismo–. Pero tampoco es la mera fuerza destructiva, que nos aleja del paraíso perdido al que sólo habría que regresar, renegando a las liberaciones que –a pesar de todo– ha logrado la humanidad, así como lo dirían ciertos conservadores y por supuesto todos los grupos de los más diversos fanatismos nacionalistas, racistas y religiosos que tanto auge tienen hoy en día.

La fuerza ideológica del nacionalsocialismo era justamente la de jugar con esta contradicción y moverse con agilidad en ella. Por esto, la mera fijación al aspecto reaccionario de la extrema derecha, como lo hizo y hace hasta hoy la socialdemocracia, no ayuda en nada a entenderlo. A la vez hay que ver, y en esto insiste mucho Benjamin en los aspectos políticos del texto "Sobre el concepto de historia", la cara *modernizadora*, orientada hacia el progreso tecnológico y organizativo que el nacionalsocialismo tenía, y movimientos contemporáneos que tienen tendencias parecidas.[51]

---

[51] El nacionalsocialismo tiene una doble cara: ideológicamente se presenta como el movimiento de regreso a lo perdido por la "modernización desde afuera", lo que coincide con su lema de "*Blut und Boden*" [sangre y territorio]. Se presenta como la fuerza política y social que frena todo lo que intenta modernizar en lo cultural, social y político a Alemania. Al mismo tiempo es la fuerza política que posibilita, con sus métodos autoritarios una aceleración de los procesos de modernización económica como nunca antes y nunca después se había logrado en Alemania. El predominio, por ejemplo de la industria química alemana en grandes partes del mundo, está basada en la monopolización llevada a cabo con toda la violencia que se consideraba necesaria. Franz Neumann, uno de los autores más relevantes de la Teoría crítica, analiza en su libro *Behemoth. Pensamiento y acción en el Nacional Socialismo* la estructura del sistema nacionalsocialista y detecta que está construido sobre

El aspecto político

a] El Ángel de la Historia mira hacia atrás, porque la auténtica acción revolucionaria es así: no espera el momento en el cual "las condiciones objetivas están dadas" para tener este o el otro efecto, no espera hasta que haya el público (llamado "base de masas") que garantice el aplauso frenético, no espera hasta que haya la seguridad de entrar en los anales de la historia como héroes y además como *héroe ganador*. La acción revolucionaria es más bien la que siempre tiene su momento, la que no quiere asegurase un lugar en el mundo futuro, sea por su éxito, sea por las futuras generaciones que estarán agradecidas hasta en la quinta de ellas. La acción revolucionaria, tal como ha sido hasta hoy, y como la concibe Benjamin, es una interrupción del tiempo vacío que avanza ciega y homogéneamente. En este avanzar ciego y homogéneo, no hay ningún momento preestablecido para la revolución, no hay un lugar en el teatro de la historia con una placa que diga: *apartado para la revolución*. La revolución no es un paso más en este avanzar aparentemente automático del tiempo, sino es algo fuera de esta normalidad totalitaria que es el tiempo en su concepción hoy en día dominante. Las revoluciones no son la *consecuencia lógica* de momentos o fases históricas anteriores, que no sólo se distinguen por su contenido, sino se distinguen también radicalmente por su forma: las revoluciones se salen de la lógica del tiempo lineal, homogéneo y orientado hacia el futuro. Son los *no momentos* de la historia, son aquellos que no caben en la *lógica histórica* y que la interrumpen.

Pero las revoluciones no están por esto fuera de la historia, sólo están fuera de su lógica orientada hacia el futuro, fuera de su avanzar *a pesar de todo*, con la fijación en la imposibilidad de no avanzar, es decir, de salirse de todo y cuestionar radicalmente todo. Las revo-

---

cuatro pilares que tienen casi completa autonomía en sus respectivos ámbitos: el ejército, la economía, el partido nacionalsocialista y el aparato burocrático estatal. El *Führer* sólo intervino cuando los cuatro grupos chocaban abiertamente, lo que casi nunca sucedió. Esta estructura le permite al nacionalsocialismo organizarse en la descrita contradicción sin mayores problemas. Sería entonces sumamente simplificador ver únicamente la parte de la ideología retrógrada del nazismo, sin ver que en la esfera de la razón instrumental era altamente *progresista* o *modernizador*. En este sentido el nacionalsocialismo no solamente era *aun* posible, como se dice dentro de la lógica que Benjamin critica, sino incluso no hubiera sido posible en tiempos anteriores (véase Franz Neumann, *Behemoth. Pensamiento y acción en el Nacional Socialismo, loc. cit.*).

luciones son el momento en el cual algunos humanos deciden no dejarse impresionar por la supuesta imposibilidad de parar aquella maquinaria gigantesca de la cual todos formamos parte, queramos o no. Son el momento en el cual podríamos recordar instantáneamente la libertad humana, perdida en el tiempo que avanza como un reloj suizo y nunca nos deja ver, ni pensar, ni dudar ni un momento, porque *the show must go on*.

Entonces, la relación que tienen las revoluciones con la historia, es necesariamente una relación con el pasado. Al salirse de la lógica de la fijación hacia el futuro, no les queda otra opción que orientarse hacia el pasado y, a la vez, restauran la posibilidad de detenerse, de no dejarse llevar por las "Sachzwänge" ("necesidades objetivas"), de no creer el mito de la imposibilidad de detenerse aunque sea un momento, de no caer en la trampa eterna de la supuesta necesidad de tantos "puntos finales" que los poderosos exigen, para hacernos olvidar los muertos, los heridos, los humillados y los responsables de todo esto.

Por esto el Ángel de la Historia mira hacia atrás: es la revolución que sólo puede relacionarse con el pasado y que a la vez retomó la libertad de detenerse y dar la mano a los oprimidos, a los muertos, a los olvidados de todos los tiempos.

b] Pero, ¿qué es una revolución? Las revoluciones no sólo son aquellos acontecimientos que después se registran en la historia como tales porque de una u otra manera lograron imponer algo y construir un nuevo sistema social. Las revoluciones o los actos revolucionarios, son cualquier intento logrado de interrumpir la maquinaria que funciona aparentemente de manera indetenible con el ritmo sin piedad de los relojes. Por esto Benjamin habla también de "una oportunidad revolucionaria en la lucha por el pasado oprimido".[52]

La idea "grande" de las revoluciones, tiende a alejarnos del real entendimiento de las revoluciones, se idealizan solamente aquellas que lograron imponerse y después se reconstruye este éxito como algo dado desde su principio. Esto tiene un doble efecto: por un lado, que esta idea mitificada de las revoluciones nos aleje de la posibilidad de hacer nosotros mismos una, ya que no podemos imaginarnos que

---

[52] Walter Benjamin, "Sobre el concepto de historia", *loc. cit.*, tesis XVII, pp. 54 s.

justamente somos nosotros a quienes nos "toca" hacer uno de estos grandes acontecimientos que cambian supuestamente el mundo para siempre. Intuimos que nuestra *fuerza mesiánica*, como dice Benjamin es *débil* y como se nos enseñó en la idea mitificada de las revoluciones, que sus actores son héroes con *gran* fuerza mesiánica, entonces no nos vemos capaces de competir con ellos. Por otro lado, la mistificación de las revoluciones niega sus aspectos oscuros, criticables, y los absolutiza a la vez como algo insuperable. ¿Si los grandes revolucionarios de antes no podían realizar estas revoluciones ejemplares sin actos que hasta hoy nos congelan la sangre en las venas, entonces, ¿de qué manera nosotros, que supuestamente somos mucho menos predestinados a ser revolucionarios, podríamos atrevernos a criticarlos o incluso imaginarnos, a hacer una revolución distinta, no tan repugnante?[53]

Un acto revolucionario sería entonces aquel que logra interrumpir, aunque sea por un instante, el *continuum* de la historia, parar un momento el tiempo, el avanzar de las cosas que se nos presentan como independientes de nosotros. O dicho en el lenguaje de Marx en sus momentos de más fuerza crítica: los actos revolucionarios serían entonces aquellos que logren diluir instantáneamente el fetichismo de nuestros productos que se nos presentan como fuerzas ajenas a nosotros. La mirada hacia atrás del Ángel de la Historia es entonces a la vez una mirada tímida, dirigida hacia abajo, hacia lo pequeño, casi invisible, porque sólo así reconoce aquellos actos revolucionarios que desde la perspectiva actual son pequeños y más cerca del suelo que del cielo.

c] Con referencia al Marx en sus momentos de un ingenuo optimismo histórico, así como lo que conocemos, por ejemplo, del *Manifiesto*, Benjamin anota en uno de sus esbozos relacionados con las tesis sobre el concepto de historia:

Marx dice que las revoluciones son las locomotoras de la historia mundial. Pero tal vez esto es completamente distinto. Tal vez las revoluciones son el

---

[53] Sobre la distinción entre *mito* y *concepto* de revolución véase también: Bolívar Echeverría, "Postmodernismo y cinismo", en B. Echeverría, *Las ilusiones de la modernidad*, México, Universidad Nacional Autónoma de México/El Equilibrista, 1995, pp. 39-54.

momento en el cual el genero humano, que viaja en este tren, acciona el freno de emergencia.[54]

Para entender esta frase en su verdadero sentido y peso hay que ver los años en los cuales Benjamin escribió este texto y también los años que le siguieron inmediatamente, así como todo este texto de Walter Benjamin no se puede entender ni remotamente, si no se conoce las historia del nazismo y del fascismo y menos aun si no se conoce la historia de la destrucción de los judíos europeos.[55]

La imagen del freno de emergencia que debiera detener el tren, es más que una imagen que el filósofo usa para hacer entender sus ideas al público interesado. *Es la realidad misma.* Cuando el autor de estas líneas comentó la frase de Benjamin arriba citada a Claude Lanzmann, quien ha realizado la mejor película de todos los tiempos sobre la destrucción de los judíos europeos y quién no solamente ha estudiado, sino hablado con una parte importante de sus pocos testigos directos sobrevivientes, Lanzmann contestó espontáneamente en el sentido de que esto se refiere a la Shoah.[56] El freno de emergencia que el acto revolucionario podría accionar, sería entonces, según la interpretación de este intelectual, quien con su película *Shoah* ha creado una obra artística que se acerca de una manera increíble a la concepción filosófica expresada en el texto a discutir de Benjamin, no cualquier freno de emergencia en cualquier tren, sino más bien, el freno de emergencia en un tren que se dirigía a Auschwitz, Sobibor, Treblinka u otro de los campos de extermino nacionalsocialistas.

---

[54] Walter Benjamin, "Anmerkungen zu den Thesen über den Begriff der Geschichte", en W. Benjamin, *Gesammelte Schriften*, Rolf Tiedemann y Hermann Schweppenhäuser (eds.), t. I.3, Frankfurt am Main, Suhrkamp, 1980, p. 1232, trad. aquí de S. Gandler [ed. original, "Marx sagt, die Revolutionen sind die Lokomotiven der Weltgeschichte. Aber vielleicht ist dem gänzlich anders. Vielleicht sind die Revolutionen der Griff des in diesem Zuge reisenden Menschengeschlechts nach der Notbremse" (*ibid.*)].

[55] Benjamin insiste también en la necesidad de conocer la historia posterior, para poder entender un acontecimiento histórico (y cada texto es también una forma muy específica de un acontecimiento): "Fustel de Coulanges le recomienda al historiador que quiera revivir una época que se quite de la cabeza todo lo que sabe del curso ulterior de la historia. Mejor no se podría identificar al procedimiento con el que ha roto el materialismo histórico" (Walter Benjamin, "Sobre el concepto de historia", *loc. cit.*, tesis VII, p. 41).

[56] Conversación del autor con Claude Lanzmann, Frankfurt / Main, 14 de enero 2002.

Pero estos trenes no tenían freno de emergencia. Avanzaron *puntualmente*[57] hacia su destino. La destrucción de los judíos europeos no se salió del horario de la historia, sino fue justamente el resultado de nuestra incapacidad de interrumpirlo:

> La tradición de los oprimidos nos enseña que el "estado de excepción" en que ahora vivimos, es en verdad la regla. El concepto de historia al que lleguemos debe resultar coherente con ello. Promover el verdadero estado de excepción se nos presentará entonces como tarea nuestra, lo que mejorará nuestra posición en la lucha contra el fascismo. La oportunidad que éste tiene está, en parte no insignificante, en que sus adversarios lo enfrentan en nombre del progreso como norma histórica. El asombro ante el hecho de que las cosas que vivimos sean "aun" posibles en el siglo XX no tiene *nada* de filosófico. No está al comienzo de ningún conocimiento, a no ser el de que la idea de la historia de la cual proviene ya no puede sostenerse.[58]

Si alguien hubiese logrado detener los trenes a Auschwitz, Treblinka, Sobibor, su acto hubiera sido revolucionario. Tal vez parar un solo tren lleno de gente en el camino al exterminio inmediato, hubiera sido más revolucionario que los actos de Robespierre y Danton juntos. Probablemente pocos hablarían hoy de este acto, pero esto no cambia nada del asunto. En su nueva película *Sobibor, 14 de octubre de 1943, 16 horas*, Claude Lanzmann hace recordar justamente un acto de esta índole, del cual muy pocos saben y menos aún hablan: la insurrección en el campo de exterminio nacionalsocialista Sobibor el día catorce de octubre de mil novecientos cuarenta y tres que comenzó a las dieciséis horas. Poco después de esta insurrección,

---

[57] No es casual que el público en todos los países donde hasta ahora se proyectó la película se *ríe* cuando Yehuda Lerner, el testigo y actor de la insurrección, cuenta que el plan de la rebelión se basó en gran medida sobre la *puntualidad* de los guardias alemanes en el campo de exterminio Sobibor. Mientras que en las dos proyecciones que la película tenía hasta ahora en Alemania, nadie se reía durante este pasaje. No es solamente por una tal vez más grande distancia personal hacia los guardias alemanes, sino también, porque hay una mayor distancia hacia la ideología de la puntualidad, que en Alemania tiene su bastión más fuerte. Esta ideología expresa a su vez el grado de ingenuidad que existe en la vida cotidiana, donde hay una confianza ilimitada en el avanzar del tiempo y en la *bondad* y *verdad* que este avanzar implica según el dominante ethos realista.

[58] Walter Benjamin, "Sobre el concepto de historia", *loc. cit.*, tesis VIII (completa), p. 43.

este campo fue cerrado por los nacionalsocialistas para borrar toda memoria de que los presos judíos lograron interrumpir esta maquinaria de la muerte. Entonces, la insurrección logró, además de salvar la vida a unas sesenta personas destinadas por los nacionalsocialistas a la muerte, detener el funcionamiento de *este* campo de exterminio de manera definitiva.

Por esto, el Ángel de la Historia mira hacia atrás, porque estos actos revolucionarios son dirigidos a *parar la maquinaria*, detener el tiempo, interrumpir el progreso que en su ceguera y vaciedad es el aliado "natural" de los opresores y genocidas.

d] Pero estos actos revolucionarios no son para festejarlos. El Ángel de la Historia no puede levantar su mirada, que tiene dirigida hacia los muertos, y voltearse con un gesto de heroísmo y acto festivo hacia el sol que se levanta. Estos actos revolucionarios no son para festejarse, no solamente por lo obvio de su *debilidad*, ya que sólo lograron detener una pequeña parte de la maquinaria, lejos de pararla en su totalidad, sino también, porque son actos revolucionarios *negativos*. Su único fin es, parar el tren que va directo a la muerte. Pero no arrancan nuevos trenes a lugares llenos de felicidad.

Cuando Walter Benjamin habla de la necesidad de "cepillar la historia a contrapelo",[59] se refiere también a esto: para entender el concepto de revolución que él introduce, hay que cepillar también la historia de las revoluciones a contrapelo. El que sólo ve las revoluciones a partir de las grandes batallas ganadas, no entiende en este falso heroísmo nada de la verdadera historia de las rebeliones y actos revolucionarios. Es probablemente justo esta falsa concepción heroizante de las revoluciones, la que nos aleja hoy tanto de su *posibilidad*, *necesidad* y *realidad*.

La mirada hacia atrás, angustiada y llena de tristeza del Ángel de la Historia, es entonces a la vez fuente de esperanza: si incluso el *Ángel de la Historia* no tiene los ojos llenos de seguridad de vencer, de avanzar firmemente, entonces, ¿por qué nosotros vamos a pedir tanta seguridad, tantas *condiciones objetivas dadas* para atrevernos a interrumpir el *continuum*? El antihéroe de Brecht que hace posible el entendimiento de que nosotros mismos podríamos también hacer

---

[59] *Ibid.*, tesis VII, p. 43.

algo aquí abajo, está presente en el Ángel de la Historia, que está orientado hacia atrás.[60]

e] Si Benjamin habla entonces, de "una *débil* fuerza mesiánica",[61] no solamente retoma ciertos momentos de la teología, sino critica a la vez las fantasías de omnipotencia que acompañan por lo regular la afirmación de que *ahora, todavía no es* el momento para demostrar al mundo lo que *desde un principio* podríamos hacer con él. La arrogancia, la incapacidad de ver los propios límites, está inseparablemente vinculada con la subestimación de la propia capacidad de intervención histórica. "Seríamos aquellos que liberan el mundo de una vez por todas de todos sus males, si sólo el progreso, el curso automático de la historia nos llevara al momento correcto, si sólo las condiciones objetivas estuvieran dadas", esto es el lema de aquellos políticos que unen en una sola persona, en un solo movimiento "la fe ciega [...] en el progreso, la confianza en su 'base de masas'" con "su servil inserción en un aparato incontrolable".[62] Y por esto, los políticos de la llamada izquierda reformista tienen que mandar a reprimir de vez en vez los movimientos de rebelión espontáneos que no pueden controlar. Piensan que éstos interrumpen su avanzar hacia el momento glorioso, que no entienden que hay que *marchar por las instituciones* para un día –un día– levantarse, demostrar su fuerza siempre escondida con "su servil inserción en un aparato incontrolable", para salvar el mundo de tal manera que hasta el Mesías de las tradiciones religiosas se quedaría pálido de envidia.

Pero la fuerza mesiánica que tenemos, cada generación, cada uno y cada una, es esto: *débil*. Es pequeña, tal vez igual de fea que el enano que tiene que esconderse, el cual Benjamin menciona en la primera tesis, pero: es el secreto de cada acción, aunque sea la más pequeña, que se realiza en la historia contra la opresión, la explotación, la exclusión, la persecución y el olvido de sus víctimas.

El mesianismo de Benjamin está orientado hacia atrás por esto: para distinguirse del mesianismo arrogante y lleno de miedo a la vez,

---

[60] *Sólo* de esta manera tiene sentido la frase "Cuando está más oscuro amanece".
[61] *Ibid.*, tesis II, p. 37.
[62] Véase "la fe ciega de esos políticos en el progreso, la confianza en su 'base de masas' y, por último, su servil inserción en un aparato incontrolable no han sido más que tres aspectos de la misma cosa" (*ibid.*, tesis X, p. 45).

de los autodeclarados salvadores *potenciales* del mundo. Benjamin sabe muy bien que los muertos no van a revivir por una política distinta o por el recuerdo que les brindemos. Pero sabe que su muerte no es definitiva, es decir, no es un proceso ya acabado: "tampoco los muertos estarán a salvo del enemigo si éste vence. Y este enemigo no ha cesado de vencer".[63] Los nuevos vencedores, que muchas veces se autodeclaran los redentores de los muertos anteriores, hacen morir de nuevo a los muertos al burlarse de sus esperanzas no cumplidas, de sus intentos fallidos de interrumpir el curso ciego de la historia. En el mismo momento en que estos políticos organizan el olvido de los muertos, que a su vez es el olvido de sus esperanzas que hoy tampoco se están cumpliendo, declaran que pronto todo será mejor y que todas nuestras fuerzas deben ser orientadas hacia adelante, para cuando venga el momento (si viene) estar preparados, y en un solo acto, superar todo lo anterior.

Nuestra fuerza mesiánica es débil, porque, en el mejor de los casos, lo que podremos lograr es la sociedad sin clases; como dice Benjamin citando a Marx, no es la solución gloriosa y definitiva de todo el sufrimiento y la garantía para todas las generaciones futuras de una mejor vida, no, la sociedad sin clases no es otra cosa que el momento en que logremos *interrumpir el progreso de la historia*.[64] En comparación con las promesas de los políticos de la izquierda reformista de la época de Benjamin, es algo realmente pequeño. Pero en comparación con lo que ellos hicieron realmente y considerando lo que significó el nacionalsocialismo y el fascismo para la humanidad, sería algo infinitamente grande.

f] Orientarse hacia atrás, también podría entenderse como la apología del tradicionalismo. Pero lo que propone Benjamin, que también

---

[63] *Ibid.*, tesis VI, p. 40.
[64] Véase "La sociedad sin clases no es la meta final del progreso en la historia, sino su interrupción, tantas veces fallida y por fin llevada a efecto" (Walter Benjamin, "Tesis sobre la historia. Apuntes, notas y variantes", en W. Benjamin, *Tesis sobre la historia, loc. cit.*, pp. 61-118, tesis XVII A. Véase también Walter Benjamin, "Sobre el concepto de historia", *loc. cit.*, tesis XVIII, p. 56, nota del editor 5) [ed. original "Die klassenlose Gesellschaft ist nicht das Endziel des Fortschritts in der Geschichte, sondern dessen oft mißglückte, endlich bewerkstelligte Unterbrechung" (Walter Benjamin, "Anmerkungen zu den Thesen über den Begriff der Geschichte", *loc. cit.*, p. 1231)].

está presente en la imagen del Ángel de la Historia que mira hacia atrás, es "el intento de arrancar la tradición de manos del conformismo, que está siempre a punto de someterla".[65] No sólo se trata de la "tradición de los oprimidos",[66] sino de la tradición en su totalidad. La izquierda ha cometido a lo largo de su historia repetidamente el error, de identificar *tradición* con *tradicionalismo*. Este error está directamente relacionado con la idea de un progreso en la historia de la cual la izquierda sería un aliado "natural". Todo lo que quedó atrás es, en esta lógica, lo que hay que superar, de lo cual hay que distanciarse. Benjamin, quien critica esta concepción y además la concepción de un tiempo lineal que avanza así como lo hacen creer los relojes que sólo se paran cuando uno olvida darles cuerda o cambiarles la batería, no acepta esta identificación de tradición y tradicionalismo, en la cual la izquierda y la derecha se parecen más de lo que estarían dispuestos a admitir.

La izquierda en sus versiones positivistas (la reformista y la estalinista) parte, al igual que las tendencias burguesas, de la idea de que la tradición esté siempre del lado de los conservadores y derechistas. Si ciertos grupos de la izquierda tratan de incluir en sus programas, aspectos de la tradición local, lo harán no con la idea de una radicalización de su posición política, sino como un acercamiento táctico a posiciones de la derecha o de los conservadores.

Es impensable dentro de una ideología progresista y economicista, que en la tradición existente haya siempre una herencia rebelde y subversiva, no sólo en la "tradición de los oprimidos", sino también en las tradiciones que trataron de garantizar una buena vida y desarrollar las capacidades y necesidades humanas, más allá de las necesidades económicas inmediatas. Es inimaginable para la izquierda positivista, al igual que para los conservadores, que justamente lo que *frena* el progreso tecnológico, organizativo y económico, podría estar a favor de un proyecto revolucionario. Por esto la izquierda casi siempre tenía y tiene graves problemas, cuando se trata de entender o incluso apoyar peticiones de grupos minoritarios,[67] ya que presentan por lo

---

[65] Walter Benjamin, "Sobre el concepto de historia", *loc. cit.*, tesis VI, p. 40.
[66] *Ibid.*, tesis VIII, p. 43.
[67] Esto incluye por supuesto también grupos que numéricamente no son minoritarios, pero en cuestión de poder político o económico lo son, véase el caso del patriarcado y del apartheid.

general una vuelta de más en el cauce dentro del cual corre el río del progreso nacional. Son innumerables los ejemplos, pero sólo hay que recordar los problemas que tenían los sandinistas en Nicaragua en aceptar las peticiones de los grupos indígenas, de los cuales varios acabaron entonces como aliados de la contra, así como el caso de México. Aquí fue sólo a partir de la aparición de los neozapatistas que surgió una –todavía limitada– conciencia dentro de la izquierda de que la lucha por una sociedad menos represiva y menos explotadora, podría ser a la vez la lucha por el reconocimiento de las tradiciones que no son subsumibles bajo el concepto clásico del mexicano o de la mexicana, así como se estableció en un afán emancipador en los últimos dos siglos.

Este grupo es tal vez uno de los primeros que a su vez trata de unir *abiertamente* estos dos aspectos: por un lado, la defensa de la tradición, que está en peligro de ser aplastada por la tendencia de la forma de reproducción capitalista, de destruir las diferencias que no caben en su declaración de igualdad de todas las mercancías y, por lo tanto, de todos los que están dispuestos a reducirse a meros productores de ellas. Por otro lado, este grupo trata de retomar los viejos ideales emancipatorios de una sociedad más justa, más igualitaria, etcétera.

Las eternas discusiones que se pueden observar desde hace unos años sobre la cuestión de si hay que dar preferencia a las peticiones de *igualdad* o a las de *diferencia*, sólo son posibles por esta falsa contradicción que se construye en el pensamiento dominante entre tradición y emancipación. Todas las afirmaciones, hoy en día ya de moda, de estar en contra del progresismo y economicismo, son en vano, si no se llega hasta la cuestión de la tradición como algo que hay que "arrancar... de manos del conformismo".[68]

Retomar la tradición de una manera no folklorista, podría ser lo que Walter Benjamin llama el "salto de tigre al pasado",[69] pero este salto no significa alejarse de la posibilidad de una sociedad radicalmente distinta a la existente y sus estructuras destructivas y represoras, sino "ese salto dialéctico [...] es la revolución como la

---

[68] Walter Benjamin, "Sobre el concepto de historia", *loc. cit.*, tesis VI, p. 40. Sobre el problema de "igualdad" contra "diferencia" véase en este libro el capítulo "Modernidad e identidad. Actualidad de la reflexión político social".

[69] *Ibid.*, tesis XIV, p. 52.

comprendía Marx".⁷⁰ Ser revolucionario implicaría entonces la capacidad de recordar, de ver y aprender de las generaciones pasadas, sus experiencias y tradiciones. La simple fijación en las supuestas "modernizaciones" nos cierra, por el contrario, el camino a este salto del tigre. Las recetas de la izquierda reformista y estalinista en las ex colonias para *superar* primero los *restos* de sociedades tradicionales, es decir, asemejarse a las sociedades del centro, como requisito previo para poder entrar al proyecto de una sociedad radicalmente menos repugnante, se basan en esta falsa concepción del papel de las tradiciones. Los neozapatistas son tal vez el grupo que ve con más claridad la necesidad de este salto del tigre hacia el pasado y no es casual que lo hacen desde el rincón mas retirado de México, aparentemente desde el lugar más alejado de esta otra sociedad menos represora. El Ángel de la Historia mira entonces hacia atrás para ver allá, muy lejos, en las tradiciones perdidas, el punto adonde el tigre podría saltar e interrumpir el *continuum* de la historia.

La teoría de los cuatro *ethe* de la modernidad capitalista de Bolívar Echeverría, y sobre todo sus análisis del ethos barroco como uno *moderno* y *no* premoderno, podría ser uno de los pocos intentos teóricos que hoy en día lograron retomar este análisis de Walter Benjamin que por lo general está –a pesar de ser citado con frecuencia– marginado en el actual debate socio-filosófico. La concepción del ethos barroco como uno que contiene una "combinación conflictiva de conservadurismo e inconformidad",⁷¹ podría ser justamente una de las claves para entender el tipo de modernidad que existe en México, no como una *retrasada*, sino una diferente y tal vez en ciertos aspectos hasta más interesante para el proyecto de una sociedad menos represiva, explotadora y repugnante que la existente, que las modernidades del *primer mundo* que la izquierda partidaria y "oficial" (lo que quede de ella), al igual que los conservadores, ingenuamente quieren copiar.

---

⁷⁰ *Ibid.*
⁷¹ Bolívar Echeverría, "El *Ethos* Barroco", en B. Echeverría (ed.), *Modernidad, mestizaje cultural,* ethos *barroco.* México, Universidad Nacional Autónoma de México/El Equilibrista, 1994, p. 26. Hemos desarrollado nuestra interpretación de la teoría de los cuatro *ethe* de la modernidad capitalista de Bolívar Echeverría en el estudio *Marxismo crítico en México. Adolfo Sánchez Vázquez y Bolívar Echeverría,* Stefan Gandler, México, Fondo de Cultura Económica/Facultad de Filosofía y Letras, Universidad Nacional Autónoma de México/Universidad Autónoma de Querétaro, 2007, pp. 374-429.

g] El Ángel de la Historia mira hacia atrás, porque si no, lo podrían asaltar por la espalda

El Ángel de la Historia, si lo entendemos como representante de la humanidad en su propia historia, está en continuo peligro. Muchos de los políticos de la izquierda reformista pensaron, que sólo hay que correr hacia adelante, para construir un mundo más libre, pero se les olvidó lo que cualquier vaquero del oeste sabe: hay que cuidarse la espalda. También la historia tiene una espalda, tiene sus reversos, sus lados oscuros. En la ideología progresista no cabía la idea de que estos lados oscuros podrían tener alguna relevancia. Y este error de la izquierda reformista de la época de Walter Benjamin se repite hoy en día.

Se pensaba que las ideologías que se conciben como *retrógradas*: el racismo, el antisemitismo, el belicismo, el chauvinismo, serían superadas por el mero *progreso histórico*. El puro hecho de que los relojes y los calendarios avanzaran, así como que las tecnologías se renovaran y desarrollaran cada vez más, les parecía garantía suficiente de que estas ideologías y sus respectivas prácticas no eran más que un *resto* de los malos viejos tiempos. La izquierda reformista suele llamar a las formas más repugnantes de explotación, por ejemplo en ciertas zonas del llamado tercer mundo, "formas feudales". Implícitamente había la idea de que el capitalismo y la sociedad burguesa son *por sí* un *avance histórico*. No vieron lo que la Teoría crítica llama la *Dialéctica de la Ilustración*. No vieron que las bestialidades cometidas en esta sociedad *no* eran *restos* de algo feo anterior, que se irían en el momento que la sociedad burguesa estuviera presente en todo el mundo y en cada rincón, así como en cada momento, sino algo que es *intrínsecamente* una parte de esta sociedad.

Este error se podía cometer por razones políticas, pero también por una interpretación limitada y muy selectiva de Marx. Este autor es contradictorio en este punto, pero la izquierda positivista, es decir la socialdemocracia y los estalinistas, no querían ver esta contradicción en este filósofo, ya que les interesaba más la utilidad política de su teoría. Pero una teoría demasiado complicada y contradictoria no sirve para movilizar multitudes y menos aún sirve para indoctrinarlos por los jefes y demagogos de los partidos.

Querían unir a las multitudes detrás de ellos con los métodos que conocían de la guerra: con gritos que convencían a los guerreros en cada momento, que van a vencer y que la muerte será de los otros, y la gloria, la victoria y la recompensa para ellos mismos. La ideología del progreso necesario e inevitable, del socialismo como consecuencia *lógica* del curso predestinado de la historia, en última instancia no era otra cosa que estos gritos de guerra. Y esto mismo fue una de las razones, por las que tan fácilmente una parte muy grande de los miembros del partido socialdemócrata y del partido comunista de Alemania y de muchos otros países de Europa, salieron para inscribirse en los partidos de extrema derecha en el momento que empezó su auge. *Querían estar con los vencedores* tal como sus líderes políticos de la izquierda reformista y estalinista les habían enseñado por años.

Pero, nunca aprendieron a cuidarse la espalda. Pensaron que *detrás* de ellos, todo lo que concibieron como retrógrada, del pasado, se caería por si sólo. Por esto había ante el nacionalsocialismo (y hay hasta hoy), tanto "asombro ante el hecho de que las cosas que vivimos sean 'aún' posibles en el siglo XX".[72] Pero, este asombro "no tiene nada de filosófico. No está al comienzo de ningún conocimiento, a no ser el de que la idea de la historia de la cual proviene ya no puede sostenerse".[73] No pensaron que "detrás" de ellos podría crecer algo que *no* se diluye por si sólo o por el mero avanzar del tiempo o de la historia.

Su fijación en los gritos de guerra que eran los eternos discursos del futuro a ganar, de las batallas que hay que hacer por un mejor futuro de los hijos (léase: para ser festejado posteriormente por ellos y todas las generaciones que siguen, así como se festeja hasta hoy la revolución francesa, la independencia de Estados Unidos, etcétera), se fundaron sobre todo en el miedo, o como dirían los autores de la Teoría crítica: en la incapacidad de salirse de la lógica de la lucha por la supervivencia, a pesar de que económicamente ya podríamos hacernos independientes de esta lógica desde los años veinte del XX. Estos gritos de guerra eran la ideología del progresismo, y en última instancia, también lo es, la ciega creencia en el tiempo como algo idéntico al avanzar de los relojes, como algo homogéneo, lineal, ininterrumpido y vacío. Estas ideologías y estas prácticas políticas, se basan en la *falta* de otra dinámica que podría hacernos actuar.

Por esto Walter Benjamin insiste en el aspecto mesiánico, siempre con la idea de que a *nosotros* "nos ha sido conferida una *débil* fuerza

---

[72] *Ibid.*, tesis VIII, p. 43.
[73] *Ibid.*

mesiánica".[74] La falta de esta conciencia lleva con cierta necesidad a los mencionados *gritos de guerra* del progresismo, historicismo y de la fe en el dios Cronos. Benjamin sabe del momento no planeable, no previsible de cada revolución. Es, además, una de las mayores fuerzas de los oprimidos, tener mucho menos la necesidad de planear que los opresores que sólo logran oprimir el mundo con cierta *planeación*. Por eso los oprimidos tienen cierta libertad *instantánea* al momento de empezar una rebelión o una revolución. Es esta fuerza que la izquierda, de índole positivista, quita a los oprimidos al querer integrar y hacer previsible todo, es decir también en las rebeliones y revoluciones, dentro de su concepto vacío de historia y del tiempo como lineal y homogéneo.

Pero entonces, ¿de donde puede venir la dinámica revolucionaria, si no es desde los gritos de guerra que son la fijación en el futuro y la idea de nadar "a favor de la corriente"?[75] La tesis XII que probablemente es, en términos políticos, una de las más fuertes, dice al respecto:

El sujeto del conocimiento histórico es la clase oprimida misma, cuando combate. En Marx aparece como la última clase esclavizada, como la clase vengadora que lleva a su fin la obra de la liberación en nombre de tantas generaciones de vencidos. Esta conciencia, que por corto tiempo volvió a tener vigencia con el movimiento Spartacus, ha sido siempre desagradable para la socialdemocracia. En el curso de treinta años ha logrado borrar casi por completo el nombre de un Blanqui, cuyo timbre metálico hizo temblar al siglo pasado. Se ha contentado con asignar a la clase trabajadora el papel de redentora de las generaciones *futuras*, cortando así el nervio de su mejor fuerza. En esta escuela, la clase desaprendió lo mismo el odio que la voluntad de sacrificio. Pues ambos se nutren de la imagen de los antepasados esclavizados y no del ideal de los descendientes liberados.[76]

La única dinámica que realmente puede llevarnos a luchar, no como guerreros o como mercenarios, es: la "imagen de los antepasados esclavizados". Es una imagen de algo real, algo que realmente

---

[74] *Ibid.*, tesis II, p. 37.
[75] "No hay otra cosa que haya corrompido más a la clase trabajadora alemana que la idea de que *ella* nada con la corriente." (*Ibid.*, tesis XI, p. 46.)
[76] *Ibid.*, tesis XII (completa), pp. 48 s.

tuvo lugar, mientras que lo que propone la socialdemocracia es algo meramente pensado, ideal: el "ideal de los descendientes liberados". En el momento en que este ideal, o la posibilidad de realizarse en un mediano plazo, se pone en duda, la lucha acaba por sí sola, así como pasó en más de una ocasión en la historia, con el ejemplo inolvidable del papel que jugó la socialdemocracia alemana al inicio del nacionalsocialismo, cuando sus diputados en el parlamento alemán aprobaron el 17 de mayo de 1933 –una semana después de las quemas públicas de libros– la declaración oficial del gobierno nacionalsocialista sobre su política exterior. El 19 de junio del mismo año el comité ejecutivo del Partido Socialdemócrata Alemán (SPD) destituyó a los miembros judíos de dicho comité; tres días después el partido fue de todos modos prohibido.

Por esto el Ángel de la Historia mira hacia atrás: porque sólo del *recuerdo* de las represiones y humillaciones del pasado, así como de las viejas esperanzas y de uno que otro intento revolucionario, se puede sacar una fuerza política que no se deje someter tan fácilmente como le pasó con increíble regularidad a la izquierda reformista. Dicho de otro modo: mira hacia atrás porque *el pasado no pasó*, todas las bestialidades del pasado que creemos haber superado, pueden renacer en cualquier momento de tal manera y tal magnitud que no lo podemos imaginar. La fuerza que tenemos en la lucha política, no será la que nos lleve con seguridad hacia nuevas tierras llenas de felicidad, sino una que intente, a partir del recuerdo, evitar que se "repita" (y cada vez podría ser peor que la anterior, porque las técnicas no sólo avanzan para una aplicación productiva y liberadora, sino también para una aplicación destructiva y opresora) lo que pasó y que solamente *parece* haber desaparecido o haber sido superado.

h] El Ángel de la Historia mira hacia atrás por la prohibición de la imagen

La referencia abierta que hace Walter Benjamin, en la última de sus tesis, a la religión judía, nos abre el paso a la última interpretación de la mirada retrospectiva del Ángel de la Historia. "a los judíos les estaba prohibido investigar el futuro",[77] pero además les es prohibido hacerse una imagen de dios, ni siquiera deben pronunciar esta palabra como tal. La distancia entre la imperfección de los seres humanos

---

[77] *Ibid.*, tesis B, p. 59.

y su realidad, es decir, su sociedad con relación a la perfección divina, es para los creyentes tan grande que cada imagen que un ser humano se hace de este dios es por sí misma una blasfemia, y la manera más segura de alejarse de la verdad divina. Así pasa con la imagen de un futuro mejor, un futuro sin opresión, sin clases, sin explotación, un futuro más libre. Incluso los adjetivos aquí usados están lejos de describirlo. Porque también ellos provienen de una historia demasiado larga de falsificación, manipulación y supuestas realizaciones mediocres o autodestructivas. El futuro realmente diferente, el que merece ese nombre, no sólo no se puede ver, como dijimos en la parte epistemológica, y tampoco no sólo no existe, como decimos en la parte ontológica, sino que, el *futuro* como proyecto político es la manera más perfecta de impedir su realización.

Sólo en la prohibición absoluta de mencionarlo, dios puede existir para un judío creyente. De la misma manera, sólo volteando la atención con firmeza hacia el lado opuesto, la acción política sería capaz de encontrar lo que radicalmente rompe con las herencias destructivas y nefastas, de crear lo que era anhelado desde siempre por los oprimidos y aniquilados de siempre.

Pero este *voltear la atención hacia el lado opuesto* no se refiere solamente a ver hacia el pasado en vez de fijarse en el futuro invisible, inexistente y problemático cuando se busca frenéticamente. El *lado opuesto* es también la *no política*, lo que está fuera de lo que por lo regular concebimos como tal. Sólo en las esferas que a los *profesionales* de la política les parece que son las más alejadas de ella, podría encontrarse la chispa de la esperanza revolucionaria que tanto buscó Walter Benjamin.

3. EL PROBLEMA DEL ESTADO
MARCUSE Y SU INTERPRETACIÓN DE HEGEL

En los años cuarenta y cincuenta del siglo XX, los últimos de la existencia militar del nacionalsocialismo y los primeros de la fase posfascista de Alemania, existía en una parte importante de los científicos sociales de Estados Unidos, una convicción muy generalizada, la cual consistía en una explicación de las raíces teórico-filosóficas del nacionalsocialismo y de su ideología. Contrariamente a autores como Lukács, que buscaban ese origen filosófico en cierta tradición irracional dentro de la filosofía alemana, en Estados Unidos se partía de la percepción de que el idealismo objetivo de Hegel, sobre todo su Filosofía del Estado, eran las bases ideológicas más relevantes del nacionalsocialismo. Un concepto muy fuerte de razón, y más aún, la idea hegeliana de la necesidad de un Estado fuerte, parecían apoyar claramente esta hipótesis.

Herbert Marcuse, quien se exilió en Estados Unidos, donde vivió y trabajó hasta su último día, se tenía que confrontar continuamente con esta convicción que tenía la mayoría de sus colegas universitarios. Esta hipótesis teórica coincidía además con el ambiente general y el contexto político, en el cual el anticomunismo se hizo cada día más virulento y la guerra fría adquirió cada vez más forma. Vincular a Hegel con el nacionalsocialismo implicaba otra ventaja para una parte importante de los defensores de esta hipótesis: implícitamente se podía desacreditar también a Marx, ya que hasta sus enemigos más feroces se habían enterado de la estrecha vinculación de su pensamiento filosófico con el de Hegel. Para Marcuse, quien en estos años ya era *marxista hegeliano* [*Hegelmarxist*], esta hipótesis era aún más problemática, al saber que los filósofos nacionalsocialistas en Alemania habían rechazado a Hegel tajantemente desde el primer día en que su partido estuvo en el poder. Finalmente, es también por el amplio conocimiento que Marcuse tiene de Hegel y del contexto histórico político en el cual escribe, que le resulta imposible quedarse callado ante esta hipótesis tan *en vogue* en estos años, en el país que participó –tardíamente– en la liberación militar de Alemania y Europa del nacionalsocialismo y el fascismo.

A continuación vamos a tratar de analizar la respectiva argumentación filosófica de Marcuse. Esta reconstrucción parte a su vez de la interpretación filosófica de la teoría del Estado de Hegel. Más allá del contexto histórico mencionado, este debate sobre Hegel y su teoría del Estado, tiene una gran relevancia actual, no sólo por el mero acto de oponerse al olvido, que también en la teoría social y en la filosofía son parte de los peores peligros para la emancipación, sino también porque en el actual debate, infiltrado por ideologías *neoliberales*, se parte de errores teóricos muy similares a los que implicaba aquel intento de vincular el idealismo objetivo de Hegel con las doctrinas y la realidad del nacionalsocialismo. En ambos casos hay una falta de entendimiento del contenido clásico burgués del concepto de Estado, fundado en la Revolución francesa, la cual Georg Wilhelm Friedrich Hegel festejaba, al enterarse de la Toma de la Bastilla, con un buen vino tinto de *Bordeaux*.

¿CUÁL ES EL NÚCLEO DE LA DOCTRINA DEL ESTADO DE HEGEL?

Se podría formular de la siguiente manera: La sustancia de lo correcto, de lo justo [*das Rechtliche*] y de lo moral, son los mandamientos de la eticidad y del Estado.[1]

Hegel aboga en su filosofía por anudar al trabajo teórico y el trabajo práctico-político ya hecho. No hace falta que cada generación reelabore de nuevo el *sistema de códigos sociales de comportamiento racionalmente construidos* [*sittliches System*];[2] no es lo "novedoso" de

---

[1] Georg Wilhelm Friedrich Hegel, *Rasgos fundamentales de la filosofía del derecho. O compendio de derecho natural y ciencia del Estado*, trad. Eduardo Vásquez, Caracas, Universidad Central de Venezuela, 1976, p. 5. Citado en lo siguiente como *Filosofía del derecho* [ed. original *Grundlinien der Philosophie des Rechts oder Naturrecht und Staatswissenschaft im Grundrisse*. Con las notas de la mano de Hegel y adiciones según sus comentarios en clase. Nueva edición, reelaborada con base en las *obras* (Werke) de 1832-1845, redacción de Eva Moldenhauer y Karl Markus Michel, Frankfurt am Main, Suhrkamp, 1970, Vorrede, p. 14. Citado en lo siguiente como *Philosophie des Rechts*].

[2] No usamos, a partir de aquí, la traducción usual del concepto hegeliano de *Sittlichkeit* como "eticidad". Este término, aparte de ser lingüísticamente cuestionable, no expresa ni lejanamente lo expresado por Hegel en su *Filosofía del derecho*, en la cual insiste una y otra vez en la relación dialéctica de la *Sittlichkeit* con la *Sitte*

una idea desarrollada de Estado por lo cual es genial, inteligente y racional, sino que esta idea se da a partir de las ideas y realidades de Estado que han existido, en la medida que logramos retomar estas experiencias.[3] El actual Estado (burgués)[4] no se debe aprender como cualquier producto casual, algo fortuito que se puede criticar, suprimir o sustituir de cualquier modo. Más bien, de esto está convencido Hegel, hay que concebir este Estado como forma del mundo de la *Sittlichkeit*,[5] es decir, estructurado del mismo modo claro y ordenado que la naturaleza, la cual es organizada según *leyes naturales* que son inmanentes y razonables.

Las leyes del mundo de la *Sittlichkeit*, al igual que las leyes naturales, son en esta filosofía en sí razonables y entendibles para el espíritu. Fuera del espíritu existen las leyes naturales que son válidas y existen "de todos modos". (Por consiguiente si existen, por ejemplo, dos conceptos antagónicos sobre una ley natural, debe ser falso uno de los dos.) Todo está en la naturaleza así como debe ser, según las leyes objetivas.

En lo que concierne a las leyes jurídicas, en cambio, es posible que

---

(costumbre / regla social de comportamiento) por un lado y con la autorreflexión (*Selbstbewußtsein*) y con ello con el concepto de libertad (*Begriff der Freiheit*). Incluso, la primera descripción que da en el capítulo sobre la *Sittlichkeit* en la *Filosofía del derecho* es la de la "bondad viva" ("*das lebendige Gute*") (*ibid.*, § 142, p. 292), lo que significa una clara referencia a lo que *objetivamente* en la sociedad existente –y sobre todo en su concepto– se está realizando como capacidad de convivencia y lo distingue claramente del "bueno abstracto" ("*das abstrakte Gute*") (*ibid.*, § 143, p. 293). El término de "eticidad", aunque se distingue en las traducciones usuales de Hegel al español de la "moralidad", tiene de todos modos una referencia lingüística clara a la ética y a la vez un tono bastante tecnicista, que no tienen nada que ver con el tono de las formulaciones que emplea Hegel como "la bondad viva" ("*las lebendige Gute*") (*ibid.*) o las referencias directas que hace entre *Sittlichkeit* y *Sitte* o *Gewohnheit* ("reglas sociales" / "costumbres") (*ibid.*, § 151, p. 301 s.) que incluso se convierten en una "segunda naturaleza" ("*zweite Natur*") de los miembros de la respectiva sociedad. Finalmente, la palabra "eticidad" se acerca mucho más a las afirmaciones kantianas de lo que Hegel hubiera querido, y es expresión de ciertas tendencias entre los hegelianos de derecha, que tienen mucha presencia en México, de quitarle el aspecto de teórico social (y con ello el aspecto revolucionario) a Hegel, para reducirlo a *uno más* entre los filósofos idealistas alemanes.

[3] G. W. F. Hegel, *Filosofía del derecho, loc. cit.*, p. 44 [ed. original G. W. F. Hegel, *Grundlinien der Philosophie des Rechts, loc. cit.* p. 15].

[4] Usamos aquí el concepto "burgués" en términos descriptivos (en el sentido de *bürgerlich* en alemán) y no en términos despectivos (como el sentido de la palabra *bourgeois* en alemán).

[5] Compárese sobre el concepto hegeliano de *Sittlichkeit* y sus problemas de traducción al español la nota 2 de este capítulo.

exista una contradicción entre lo que es y lo que debe ser, aunque ellas (o sea sus criterios) también existen en cierto modo, fuera de nosotros y son válidos, por ejemplo, para el jurista positivo por antonomasia.[6] Por esto se puede producir la división del espíritu en el conflicto por la validez de ciertas leyes jurídicas. En tales situaciones,

---

[6] G. W. F. Hegel, *Filosofía del derecho,* loc. cit., p. 45, adición [ed. original G. W. F. Hegel, *Philosophie des Rechts,* loc. cit., p. 16, adición]. Con relación a las "adiciones" aquí referidas, éstas no están incluidas en las versiones en español de la *Filosofía del derecho* de Hegel que fueron editadas en México. Se basan en la primera edición póstuma del texto, cuya realización fue encargada por el *Verein der Freunde des Verewigten* [*Asociación de los amigos del eternizado*] a su alumno predilecto, Eduard Gans y apareció como tomo VIII de las *Obras* de Hegel. Gans fue *el* hegeliano de izquierda y *la* conexión teórica clave entre el gran pensador idealista y Karl Marx. En la edición de la *Filosofía del derecho* a su cargo incluyó numerosos comentarios de Hegel a su propia obra, pronunciados en sus clases que se basaban en este escrito y que fue vendido a los alumnos como guía de la materia. Estos comentarios en muchos casos eran considerablemente más críticos hacia la realidad existente y más *republicanos* que el texto impreso. Gans retoma sobre todo notas de las clases de Hegel, apuntadas directamente en ellas por Hothos en 1822-1823 y notas redactadas posteriormente –a partir de la asistencia a estas clases– por Hauptmann v. Griesheim en 1824-1825. Los dos manuscritos existen hasta hoy y no fueron publicados como tales, a pesar de su gran importancia para el entendimiento de los aspectos *críticos y no oficialistas* del pensamiento de Hegel. Eduard Gans recibió de Hegel el encargo de impartir, sustituyéndolo a partir de 1825-1826, la clase de *Filosofía del derecho* y pronto adquirió la fama de interpretarla de manera más *liberal* que el mismo Hegel. Arnold Ruge comenta que Hegel, siendo invitado un día a la casa del príncipe heredero de Prusia, éste le comentaba: "Es un escándalo que el profesor Gans está convirtiendo a todos los estudiantes en republicanos. Las cátedras que imparte sobre su *Filosofía del derecho*, Señor Profesor [dirigiéndose a Hegel, S.G.] son frecuentadas por varios cientos y es bastante conocido que da a su interpretación un matiz absolutamente liberal, e incluso republicano. ¿Por qué no imparte usted mismo la cátedra?" (Arnold Ruge, *Aus früherer Zeit*, t. IV, Berlín, 1867, pp. 431 ss., citado según "Anmerkung der Redaktion zu Band 7", en G. W. F. Hegel, *Philosophie des Rechts,* loc. cit., p. 526). La voluntad del príncipe heredero fue realizada posteriormente por Hoffmeister y Lasson, quienes en ediciones posteriores de la *Filosofía del Derecho* eliminan las "adiciones", basadas en los comentarios de Hegel en sus clases e incluidas por Gans en la primera edición póstuma y desaparecen así la vertiente abiertamente *republicana* de Hegel. Las versiones de este texto que circulan hasta el día de hoy en México, siguen esta línea y han dado a conocer al público interesado de este país, el lado meramente conservador del *idealista objetivo* más importante. A contracorriente de esta historia editorial de la *Filosofía del Derecho* de Hegel en México, hemos decidido usar la mencionada edición venezolana de 1976, en la traducción de Eduardo Vásquez, la cual sí incluye las "adiciones" originalmente escogidas por Eduard Gans. Hace falta una pronta edición *histórica crítica* de la *Filosofía del Derecho* en México, que, sin lugar a dudas, debería de incluir el importante trabajo editorial que hizo el alumno más cercano a Hegel, Eduard Gans, cuya importancia para el mayor

afirma el filósofo alemán, "se remitirá frecuentemente lo arbitrario de la vida a la meditación de naturaleza y debe tomarse un modelo en este sistema".[7]

Este conflicto, esta división del espíritu, nos remite, de las leyes jurídicas cuestionables a las leyes naturales incuestionables. Los espíritus en conflicto pueden y deberían orientarse según la razón ordenada de las mencionadas leyes naturales. En consecuencia, reflexiona Hegel, con el afán de construir un mundo más racional que el medieval, no se deberían fundamentar los conflictos sobre las leyes jurídicas en opiniones accidentales, sino más bien en conceptos científicamente elaborados. Sólo estos conceptos hacen posible el conocimiento verdadero, incluso de las cuestiones de la *Sittlichkeit*.

Las investigaciones sobre el derecho público no solamente son *posibles*, sino llegan también a ser *necesarias* porque con la ilustración se elevó al pensamiento a ser la forma sustancial, encima incluso del respeto y la veneración de la ley (existente) y, por ello, le debe ser posible concebir al derecho (como razonable).[8] Con esta idea se hace visible un aspecto emancipador de la filosofía de Hegel, a saber, el sujeto pensante subordina a su capacidad de reflexión y decisión racional al Estado dominante −el cual a veces se presenta como una fuerza ajena (externa) a este sujeto−. Esta subordinación se realiza en el sentido de que el sujeto tiene ahora la posibilidad de concebir racionalmente al Estado y llegar al centro de su orden y derecho, que son razonables, es decir, accesibles para la razón.

Empero, el contenido emancipador del concepto de Estado de Hegel está en peligro de convertirse en una pura apología del Estado burgués, pues el derecho público se subordina a la primacía de la razón y por tal subordinación se paga a veces un precio demasiado alto, a saber, la ignorancia de las contradicciones e irracionalidades del Estado burgués.

Hegel es el representante filosófico del Estado burgués. En efecto, en su teoría elaborada del Estado, lo describe como "reali-

---

entendimiento *actual* de Hegel, así como para la formación filosófica de Marx, se subestima por lo general hoy en día.

[7] G. W. F. Hegel, *Filosofía del derecho, loc. cit.,* p. 45, adición [ed. original G. W. F. Hegel, *Philosophie des Rechts, loc. cit.,* p. 17, adición].

[8] G. W. F. Hegel, *Filosofía del derecho, loc. cit.,* p. 46 [ed. original G. W. F. Hegel, *Philosophie des Rechts, loc. cit.,* p. 17, adición].

dad [*Wirklichkeit*]⁹ de la idea ética [*sittliche Idee*]" y como "realidad [*Wirklichkeit*] de la libertad concreta".¹⁰ Cuando Hegel habla aquí de realidad [*Wirklichkeit*], no se refiere trivialmente al estado de cosas realmente [*tatsächlich*] existentes. La realidad [*Wirklichkeit*], que es accesible a la razón, está determinada por ésta, debe ser razonable, es razonable. El Estado burgués real [*wirklich*] es la culminación, la perfección de la *Sittlichkeit* (el sistema de códigos sociales de comportamiento racionalmente construido)¹¹ y de la razón que se realiza en la historia universal.

Cierto es que con ello, Hegel no niega por antonomasia la posibilidad de irracionalidad en el Estado burgués realmente existente. Pero la irracionalidad no es, por principio, elemento de este Estado, pues está situada –por primera vez en la historia universal– nada más al nivel de la apariencia momentánea. El Estado burgués tiene en sí la potencialidad de ser conformado de una manera plenamente razonable. La razón logró con la Revolución francesa, de esto está convencido el gran dialéctico en Berlín, de impregnarse en el Estado moderno, posfeudal, que para Hegel es idéntico a *burgués* [*bürgerlich*]. Por consiguiente, si habla Hegel aquí de la realidad [*Wirklichkeit*] de este Estado, se refiere a la *realidad ideal*, o *según la idea*. Esta realidad fundada conceptualmente tiende a realizarse a sí misma en todos los niveles y en todas las esferas del desarrollo histórico. Esta precisión no es ninguna limitante a la fuerza del concepto de realidad, como estamos acostumbrados a interpretarlo dentro del pensamiento positivista que es hoy conciencia cotidiana general. Para el idealista objetivo no hay nada más potente que la idea, es decir, sólo la realidad [*Wirklichkeit*] entendida de esta manera –como *realidad ideal* en proceso de materializarse–, tiene relevancia histórica.

---

⁹ En el termino alemán *Wirklichkeit* está presente etimológicamente el verbo *verwirklichen* que significa *realizar*, en el sentido de realizar algún plan, algún proyecto o alguna idea. Existe una ligera connotación optimista-progresista en ciertos usos de este término, por ejemplo cuando se habla de *Selbstverwirklichgung* [autorrealización] que por lo general es visto como una manera de llegar a ser más feliz, o en su defecto, tranquilo.

¹⁰ G. W. F. Hegel, *Filosofía del derecho*, §257, p. 257 y §260, p. 262 [ed. original "Wirklichkeit der sittlichen Idee", en G. W. F. Hegel, *Philosophie des Rechts, loc. cit.*, §257, p. 398) y "Wirklichkeit der konkreten Freiheit" (*ibid.*, §260, p. 406). Sobre el problema del término "ético" como traducción del término hegeliano *sittlich* véase la nota 2 de este capítulo.

¹¹ Compárese nuevamente sobre este concepto la nota 2 de este capítulo.

EL PROBLEMA DEL ESTADO

El Estado burgués es en la idea, en la posibilidad de principio, en la realidad [*Wirklichkeit*] así constituida, una instancia sin contradicciones que por principio le pertenezcan. Por ello, este Estado es algo así como el fin de la historia. Y con esto, Hegel, el gran dialéctico, llega a ser antidialéctico. Allí donde estiliza al Estado burgués (aun en su mejor forma posible) como la cima de la emancipación humana, llega a ser apologético de esta forma de sociedad.

Quedaba reservado a Karl Marx[12] el señalar que la igualdad formal de los individuos en el Estado burgués, no se opone a una desigualdad en cuanto al contenido, así que a pesar de la forma del intercambio de equivalentes en la venta de la *mercancía mano de obra* del obrero al capitalista, el primero se encuentra explotado por medio del trabajo adicional realizado en favor del capitalista.[13]

Habría que señalar aquí, que Marcuse hace resaltar una contradicción relacionada con la doctrina del Estado de Hegel. Se puede decir que Hegel se encuentra en el campo de tensión entre sus ideales y conceptos filosóficos más elevados y su fijarse incondicional y positivamente en el Estado burgués (prusiano). Su sistema filosófico, que sus contemporáneos nombraran pertinentemente "filosofía negativa",[14] choca inconciliablemente con su glorificación de la mo-

---

[12] Karl Marx, *El capital. Crítica de la economía política. Libro primero. El proceso de producción de capital*, tomo I, vol. 1. Trad. Pedro Scaron. México, Siglo XXI Editores, 1975. Véase la sección tercera: "Producción del plusvalor absoluto", capítulo v: "Proceso de trabajo y proceso de valorización", sobre todo pp. 234 ss. [ed. original Karl Marx, *Das Kapital. Kritik der politischen Ökonomie. Erster Band [t. I]. Buch I: Der Produktionsprozeß des Kapitals*. Karl Marx, Friedrich Engels, *Werke*, t. 23, Berlin, RDA, Dietz, 1975]

[13] Véase por ejemplo: Dritter Abschnitt: "Die Produktion des absoluten Mehrwerts", Fünftes Kapitel: "Arbeitsprozeß und Verwertungsprozeß", sobre todo, pp. 208 s. Véase también Herbert Marcuse, *Razón y Revolución: Hegel y el surgimiento de la teoría crítica social*, trad. Juliete Formboria de Sucre, con la colab. de Francisco Rubio Llorente, Madrid, Alianza, p. 206 [ed. original Herbert Marcuse, *Reason and revolution. Hegel and the Rise of Social Theory*, Nueva York, Humanities Press, 1941 (2a. ed. 1954, reed. 1999)]. Versión en alemán, Herbert Marcuse, *Vernunft und Revolution. Hegel und die Entstehung der Gesellschaftstheorie*, trad. al alemán de Alfred Schmidt, Neuwied, Luchterhand, 1962, p. 187 [reedición como H. M, *Schriften, t. 4: Vernunft und Revolution. Hegel und die Entstehung der Gesellschaftstheorie*. Springe, zu Klampen, 2004].

[14] Herbert Marcuse, *Vernunft und Revolution*, Neuwied, Luchterhand, 1962, p. 11. Esta cita está tomada del prefacio de marzo de 1941, incluido en la versión original en inglés e incluido –con algunos recortes al final del prefacio– en la versión en alemán, realizada por Alfred Schmidt. Extrañamente, este importante prólogo no

narquía prusiana.¹⁵ El contenido crítico y emancipador de su filosofía de la razón, asigna al Estado el papel de mediador de los intereses generales con los particulares e individuales. Con ello, el contenido crítico y emancipador que lo caracteriza tiende, en última instancia, hacia la supresión de la explotación de una clase por la otra. De esta forma, según la interpretación marcuseana, la filosofía hegeliana indica más un "marchitarse" del Estado mediante la reconciliación del individuo con lo general, que el fortalecimiento y la eternización del Estado.¹⁶

Una tendencia contraria en Hegel es la que defiende un tipo de Estado como el que encuentra en su tiempo en Prusia y que afirma en partes de su doctrina de Estado. Dice Marcuse sobre Hegel: "Es culpable, no tanto por servilismo, sino por la traición a sus ideas filosóficas más altas". Su doctrina política "refleja el destino del orden social que, en la persecución de su libertad, cae en un estado natural muy debajo de la razón".¹⁷

Son justamente estos elementos del '*positive thinking*' en la doctrina de Estado de Hegel, los que están puestos en cuestión a causa del hecho del nacionalsocialismo, traumático hasta hoy para muchos individuos. En ellos (y entre otros) hay que buscar el punto de gravitación de la crítica a los planteamientos dogmáticos presentes en su doctrina de Estado.

En por lo menos dos ocasiones (los conceptos de guerra y del monarca) la tendencia que existe en Hegel de apologetizar el Estado burgués, lo aleja tanto de la comprensión de las condiciones presentes en la sociedad burguesa que Hegel mismo termina por fin en equiparar lo "realmente existente" a *la realidad* (en el sentido de *Wirklichkeit* o realización gradual de una idea, un ideal).

A estos pasajes del texto hegeliano se aplica la siguiente averiguación de Marcuse en su introducción a *Razón y revolución*:

---

está incluido en la versión española del libro de Marcuse. En alemán el término citado es: "negative Philosophie" (*ibid.*).

¹⁵ Herbert Marcuse, *Razón y revolución*, *loc. cit*, p. 214.
¹⁶ *Ibid.*, p. 211.
¹⁷ *Ibid.*, p. 214.

EL PROBLEMA DEL ESTADO 93

Sin embargo, la suposición de que la razón se mostrará inmediatamente en la práctica es un dogma que el curso de la historia no corrobora. Hegel creía, tanto como Robespierre, en el poder invencible de la razón.[18]

A partir de estas reflexiones sobre la concepción hegeliana del Estado, en lo general, vamos a exponer enseguida sus conceptos de la guerra y del monarca, en lo particular.[19] Ciertas contradicciones que encontramos en las sociedades burguesas se vuelven entendibles en los conceptos de Hegel y a la vez son la razón de por qué estos mismos conceptos del pensador ilustrado *por excelencia* se vuelven contradictorias e incluso destructivas con relación a sus convicciones filosóficas fundamentales.

El primado de la razón de Hegel termina, así lo plantea en su desarrollada *Filosofía del Estado*, en las fronteras de los Estados nacionales. *La guerra entre Estados burgueses*, resulta de la inevitable necesidad de acumulación y expansión inherente al modo de producción capitalista; este carácter de inexorablemente necesario, que tiene en una determinada formación social, es generalizado ahistórica, es decir, falsamente por Hegel como "momento ético",[20] que no sólo puede solucionar conflictos entre Estados, sino que también consigue que "la salud ética de los pueblos es conservada en su indiferencia respecto a la firmeza de las determinaciones finitas, como el movimiento de los vientos preserva al mar de la putrefacción, en la que sumiría una tranquilidad durable, como a los pueblos una paz duradera o incluso una paz perpetua".[21]

---

[18] *Ibid.*, p. 13.
[19] Hay otros aspectos cuestionables en la doctrina del Estado de Hegel, por razones de espacio nos limitaremos a estos, los dos sumamente polémicos en el debate sobre Hegel.
[20] G. W. F. Hegel, *Filosofía del derecho, loc. cit.*, §324, p. 324: "el momento ético de la guerra" [ed. original "das sittliche Moment des Krieges", en G. W. F. Hegel, *Philosophie des Rechts, loc. cit.*, p. 492]. Nuevamente hacemos referencia al problema de traducción de "*sittlich*" como "ético", mencionado en la nota 2 de este capítulo, lo mismo para la siguiente cita.
[21] G. W. F. Hegel, *Filosofía del derecho, loc. cit.* En este pasaje Hegel cita a su texto "Über die wissenschaftlichen Behandlungsarten des Naturrechts" (en *Kritisches Journal der Philosophie (1802-1803)*, p. 62. ["Sobre el tratamiento científico del derecho natural", en G. W. F. Hegel, *Obras*, t. I, p. 373.] Allí, en el original, el texto varía levemente.

Hegel, polemizando contra Kant,[22] rechazó la idea kantiana de la "paz eterna", porque de manera idealista se declara implícitamente posible la abolición de la guerra aun mantenimiento sus causas materiales –con la pura creación de una institución negociadora (el *Fürstenbund*, la liga de los príncipes)–. Aunque Hegel describe con razón la función de la guerra como encubridora de las diferencias existentes adentro de un Estado y de una sociedad ("las guerras afortunadas impiden disturbios internos y han consolidado el poder interno del Estado"[23]), pasa completamente por alto la fuerza emancipadora que estas "agitaciones internas" pueden tener. El nacionalismo pasa así de tener una orientación emancipadora, también existente en Hegel, como superación [*Aufhebung*] del fraccionamiento territorial [*Kleinstaaterei*] de la Alemania de entonces[24] a convertirse en la ideología de conservación de sociedades antagónicas (y, por lo tanto, "disturbadas"). La ideología según la cual la guerra en sí misma es supuestamente favorable para las sociedades porque las protege de la "podredumbre", al ser capaz de superar [*aufheben*] la "indiferencia frente al fortalecimiento de las determinaciones finitas", y que niega tendencialmente la violencia destructora de la guerra, recuerda fa-

---

[22] Véase sobre esto también, G. W. F. Hegel, *Filosofía del derecho, loc. cit.*, §324, adición, p. 325: "A menudo, se exige la paz eterna como un ideal al que tiene que dirigirse la humanidad. Kant propuso una liga de monarcas que debía arbitrar los conflictos de los Estados y la Santa Alianza había de ser aproximadamente tal institución. Únicamente el Estado es individualidad y en la individualidad está contenida esencialmente la negación. Por consiguiente, si también un número de Estados se convierten en una familia, esta unidad como individualidad tiene que crearse una oposición y engendrar un enemigo" [ed. original, G. W. F. Hegel, *Philosophie des Rechts, loc. cit.*, §324, adición, pp. 493 s.].

[23] G. W. F. Hegel, *Filosofía del derecho, loc. cit.*, §324, p. 324 [ed. original G. W. F. Hegel, *Philosophie des Rechts, loc. cit.*, §324, p. 493].

[24] Véase Hermann Heller, *Hegel und der nationale Machtstaatsgedanke in Deutschland. Ein Beitrag zur politischen Geschichte*, reproducción de la edición de 1921, Aalen, Zeller, 1963, p. 58: "Acerca de la opinión de Hegel respecto a la relación entre Estados, éstos son, junto a su concepción histórica del mundo en general, ciertamente en lo particular no poco determinados por el examen de esa 'política de salteador de caminos' [*Wegelagererpolitik*] de los príncipes de entonces, la cual había acabado con 'todo el respeto frente a los posesiones de los consortes, todo sentido jurídico confederado [*eidgenössisch*] en la casta de los príncipes alemanes, cuyos estímulos eran ansia de territorios y orgullo dinástico" (Heller cita aquí: Heinrich von Treitschke, *Deutsche Geschichte im neunzehnten Jahrhundert. T. 1. Bis zum zweiten Pariser Frieden*, Leipzig, Hirzel, 1913, 9a. ed., col. Staatengeschichte der neuesten Zeit, núm. 24, p. 17).

talmente a la ideología de los mencionados inolvidables superlativos de la barbarie humana. Esta glorificación [*Verklärung*] de la guerra como fuerza natural [*Naturgewalt*] soslaya el posible desarrollo hacia una formación social que deje de necesitar guerras.[25]

Precisamente después de las experiencias de la segunda guerra mundial y de la Shoah se disputaba, incluso en una parte de la burguesía alemana durante cierto tiempo, la idea de que un cambio estructural (económico) podría ser necesario para evitar que lo vivido se repitiese. De cierta manera, en este punto Hegel ya estaba obsoleto en 1946.[26]

En este contexto, Marcuse indica que, también en el caso de la guerra, la arbitrariedad y "naturalidad" [*Natürlichkeit*] no tienen la última palabra en Hegel. Remite al tercer elemento concebido por Hegel, que se sitúa por encima de las relaciones entre Estados: "el Espíritu [...] que actúa en la historia universal".[27] Pero no vamos a entrar aquí en la explicación de este concepto que Hegel desarrolla en su *Filosofía de la Historia*.

El concepto del monarca, según Hegel, es "el concepto más difícil para el raciocinio, es decir, para la consideración del entendimiento reflexivo",[28] y en la literatura secundaria aquel "concepto más difícil" es uno de los más fuertemente criticados.

---

[25] "Observamos de nuevo cómo la ciega naturaleza se presenta y relega la racionalidad autoconsciente del espíritu objetivo", Herbert Marcuse, *Razón y revolución*, loc. cit., p. 218.

[26] En la situación actual, el acrítico concepto hegeliano de guerra también se presenta como anacronismo de manera que "guerra" hoy puede significar la auto-eliminación de la humanidad (*racional*).

[27] G. W. F. Hegel, *Filosofía del derecho, loc. cit.*, §259, adición, p. 262. Véase: "Ciertamente, podrían formarse varios Estados como unión, por así decirlo, un tribunal por encima de otros, podrían aparecer ligas de Estados, como por ejemplo, la Santa Alianza, pero éstas siempre son sólo relativas y limitadas, como la paz eterna. El juez único absoluto, el cual se hace vigente siempre y contra lo particular, es el Espíritu que es en sí (*an sich*) y para sí, el cual se expone siempre como lo universal y como el género que actúa en la historia universal" [ed. original G. W. F. Hegel, *Philosophie des Rechts, loc. cit.*, § 259, adición, pp. 405 s.]. Véase también Herbert Marcuse, *Razón y revolución, loc. cit.*, pp. 218 s.: "El Derecho del Estado, pese a no estar vinculado por el Derecho Internacional, no es aún el derecho supremo [...] El Estado tiene su contenido verdadero en la historia universal (*Weltgeschichte*), ámbito del espíritu del mundo".

[28] G. W. F. Hegel, *Filosofía del derecho, loc. cit.*, §279, p. 290 [ed. original "der Begriff des Monarchen ist deswegen der schwerste Begriff für das Räsonnement,

El principio básico del Estado hegeliano es "el desarrollo pleno del individuo".[29] La mediación de lo general con el individuo, que se produce en el Estado, asegura justamente este libre desarrollo de cada uno dentro del todo. Así entendido, el concepto del Estado de Hegel es irreconciliable con la ideología nacionalsocialista. El lema "tú eres nada, tu pueblo lo es todo" rechaza de forma categórica precisamente esta mediación, en favor de una supuestamente inequívoca "primacía de lo (aparentemente) general" (*das Volk*).[30]

Sobre esto, en una añadidura –no incluida en las versiones de la *Filosofía del Derecho* que circulan en México–[31] se dice: "La esencia del Estado mismo moderno es que lo universal esté ligado a la libertad completa de la particularidad y al bienestar de los individuos [...] Por lo tanto, lo universal tiene que ser activado, pero, por otra parte, la subjetividad es desarrollada completa y vitalmente. Sólo por el hecho de que ambos momentos subsisten en su fuerza, es que hay que considerar al Estado como un Estado articulado y verdaderamente organizado".[32]

Pero en este momento se plantea el problema de cómo realizar esta mediación entre los intereses de los individuos y los de la sociedad (entera), lo general. Para que los individuos puedan ser libres en esta mediación, antes deberán haber comprendido lo general como algo que es, al mismo tiempo, suyo propio. Entre estos individuos y la sociedad general no debería haber ninguna diferencia de intereses que sea insuperable por principio.

Éste es justamente uno de los puntos en los que el concepto idealista del Estado en Hegel amenaza con fracasar, a causa de la realidad [*Wirklichkeit*] del Estado burgués, es decir, a causa de las (limitadas) posibilidades fundamentales de la sociedad burguesa cuya conceptualización intenta desarrollar. Esta concepción de los individuos

---

d.h. für die reflektierende Verstandesbetrachtung", en G. W. F. Hegel, *Philosophie des Rechts, loc. cit.*, §279, p. 446].

[29] Herbert Marcuse, *Razón y revolución, loc. cit.*, p. 213.

[30] Herbert Marcuse resume esta diferencia del siguiente modo: "En el fascismo, la sociedad civil rige al Estado; el Estado hegeliano rige a la sociedad civil. ¿Y en nombre de quién rige? Según Hegel, en nombre del individuo libre y en pro de su interés privado." (Marcuse, *Razón y revolución, loc. cit.*, p. 212.)

[31] Véase la nota 2 de este capítulo.

[32] G. W. F. Hegel, *Filosofía del derecho, loc. cit.*, §260, adición, p. 263 [ed. original G. W. F. Hegel, *Philosophie des Rechts, loc. cit.*, §260, adición, p. 407].

de la sociedad burguesa como individuos cuyos intereses no están aislados del interés general (de la sociedad), niega, por supuesto, las contradicciones antagónicas inherentes al modo de producción capitalista.

Pero el modo de producción correspondiente a la sociedad burguesa necesariamente separa al individuo de lo general. Como ha sido mostrado por Marx, la contradicción entre producción social y apropiación privada de los productos enajena a los productores, constituyendo la enajenación inherente a la sociedad burguesa en general. En la sociedad enajenada, como dice Marcuse, "simplemente no existe" este individuo que "conoce y quiere su verdadero interés en el interés común".[33] Marcuse continúa diciendo que los "individuos existen sólo como propietarios privados, sujetos a los fieros procesos de la sociedad civil, desvinculados del interés común por el egoísmo y todo lo que éste implica".[34] Su crítica se refiere aquí al mismo aspecto de la filosofía del derecho de Hegel que Marx cuando destaca que la esencia del Estado es "la persona privada, abstracta", cuya relación con el Estado, sin embargo, normalmente *no se realiza*.[35]

¿Cómo "resuelve" entonces Hegel esta contradicción entre sus más altas ideas filosóficas y la realidad del Estado burgués descrita en su teoría del Estado?

Pone a la cabeza del Estado al monarca, al príncipe, quien llega a su función de gobernante de "forma natural", por sucesión y primogenitura. Ese príncipe, al estar instaurado por "fuerza natural", se encuentra al margen de los conflictos de intereses en la sociedad burguesa. Estando por encima de las discordias internas, independiente de todo interés privado, ya que ha sido coronado por la naturaleza "desinteresada", el príncipe hegeliano encarna la identidad de lo general y lo particular, es decir, de los intereses generales de toda la sociedad y los particulares de sus grupos y clases, así como los intereses individuales de sus ciudadanos.[36] Se pretende contrarrestar el carácter contradictorio, reconocido como tal, del Estado burgués simplemente mediante la introducción de una "cabeza natural" [*na-*

---

[33] Herbert Marcuse, *Razón y revolución*, *loc. cit.*, p. 213.
[34] *Ibid.*
[35] Karl Marx, "Kritik des Hegelschen Staatsrechts [§§261-313]", en Karl Marx, Friedrich Engels, *Werke*, t. 1, Berlín, RDA, Dietz, 1972, p. 242.
[36] G. W. F. Hegel, *Filosofía del derecho*, *loc. cit.*, §279, pp. 289 s.

türliche Spitze] armonizadora. El *método dialéctico*, que en este momento ya preparaba el paso hacia la superación [*Aufhebung*] de la sociedad burguesa a partir de sus contradicciones internas, capitula ante la también presente sustancia reaccionaria del sistema hegeliano.

La "solución monarquista" de Hegel, la monarquía constitucional, una suerte de *gentlemen's agreement* (acuerdo de caballeros) entre la Revolución francesa y la monarquía prusiana, provoca varias respuestas: mientras que Marx constata irónicamente que "el más alto acto constitucional del rey es su actividad sexual, porque mediante ella crea un rey y proporciona continuidad a su cuerpo",[37] Marcuse lo sigue cuando, por ejemplo, dice que el monarca es la única persona "en la que se realiza la relación entre la persona privada como tal y el Estado".[38] En este punto, como ya hemos mencionado, Marcuse nos remite al hecho de que el verdadero problema no consiste en que Hegel glorifique la monarquía prusiana, sino en la "traición a sus ideas filosóficas más altas".[39] Hegel, comprometido en su método dialéctico con la razón y la emancipación humana, llega tan lejos en su apología reaccionaria del Estado burgués que entrega "la sociedad a la naturaleza, la libertad a la necesidad, la razón al capricho".[40]

Pretende rescatar a la razón, en peligro de naufragar entre las contradicciones de la sociedad analizada, como por obra de milagro, recurriendo al misticismo de la naturaleza. Aquí Hegel parece no creerse a sí mismo. Marcuse, más indulgente con Hegel que Marx, admite en *Razón y revolución* que a veces "parece como si [Hegel] sonriese ante su propia idealización del monarca, y declara que las decisiones del monarca son meras formalidades".[41]

Sin embargo, el *marxista hegeliano* [*Hegelmarxist*] mismo parece no tomar del todo en serio su propia defensa del gran filósofo dialéctico cuando intenta descubrir una sonrisa en la formulación de uno de los conceptos más reaccionarios de éste.

---

[37] Karl Marx, *Kritik des Hegelschen Staatsrechts, loc. cit.*, §261-313.
[38] *Ibid.*, véase también Herbert Marcuse, *Razón y revolución, loc. cit.*, p. 213.
[39] Marcuse, *Razón y revolución, loc. cit.*, p. 214.
[40] *Ibid.*
[41] *Ibid.*

EL PROBLEMA DEL ESTADO

EPÍLOGO A LA REFLEXIÓN SOBRE HEGEL Y MARCUSE

> *La filosofía de Hegel fue la última que pudo permitirse comprender la realidad como una manifestación del Espíritu. La historia que lo siguió hizo imposible este intento.*
>
> HERBERT MARCUSE[42]

El autor del presente libro no quiere evitar esbozar aquí sus dificultades con el texto hegeliano en cuestión. Esta problemática del análisis de la filosofía del Estado de Hegel parecía ser, en un primer momento, más bien un asunto personal del autor: casi al mismo tiempo que trabajaba por primera vez sobre la Filosofía del Estado de Hegel (en 1987), se organizó en el cine independiente de nombre *Camera*, que en este entonces estaba instalado en el viejo edificio cinematográfico de la Universidad de Frankfurt, un ciclo de proyecciones y conferencias en respuesta al intento ultraderechista de poner en *revisión* el entonces rechazo, aparentemente abrumador, del nacionalsocialismo, lo que llevó al así denominado "debate de los historiadores" [*Historikerstreit*]. La película central de este ciclo de cine fue la cinta *Shoah* de Claude Lanzmann. El análisis de este periodo de la historia alemana, intensificado en los tiempos posteriores a la proyección de esta película única,[43] fue uno de los factores que dificultaron ya de entrada una lectura *neutral* de la filosofía hegeliana del Estado.

En un seminario de la Universidad de Frankfurt el intento del autor por discutir filosóficamente las dificultades que tuvo al principio de sus estudios sobre Hegel, al ver de manera espontánea algunos supuestos paralelismos entre la filosofía del Estado de Hegel y la doctrina nacionalsocialista, no dio resultado. El reconocido filósofo Alfred Schmidt –quien ocupaba la cátedra de *Filosofía social* [*Sozialphilosphie*] que poco antes había ocupado Max Horkheimer–, y quien ofreció el seminario sobre Hegel en esa época, reconoció nuestras objeciones únicamente como un "honorable impulso moral".

---

[42] Marcuse, "Epílogo de 1954", en *Razón y revolución, loc, cit.*, p. 408.
[43] Con relación a la significación de la película *Shoah* para toda una generación de estudiantes y jóvenes alemanes, véase Stefan Gandler, "Sobre el impacto generacional de la película de Claude Lanzmann", en *Desacatos. Revista de Antropología Social*, núm. 29, México, Centro de Investigaciones y Estudios Superiores en Antropología Social, enero-abril de 2009, pp. 159-170.

Pero las reservas no eran solamente de carácter *moral*. En su libro *Razón y revolución*, Marcuse declara una y otra vez que es un error percibir a Hegel como precursor intelectual de la ideología nacionalsocialista y que los fascistas italianos sólo pudieron establecer el vínculo con Hegel mediante varias graves tergiversaciones, rechazándolo de plano, al mismo tiempo, en puntos importantes. Así, Marcuse escribe sobre un filósofo fascista italiano:

Gentile proclama la práctica como la verdad en cuanto tal, prescindiendo de la forma que pueda tomar. Según él, la única realidad es el acto de pensar. Se niega todo supuesto de un mundo natural e histórico que quede fuera de este acto o esté separado de él. El objeto es "disuelto" así en el sujeto y toda oposición entre el pensar y el hacer, o entre el espíritu y la realidad, carece de sentido. Pues el pensar (que es el "hacer", el hacer real) es *ipso facto* verdadero; "lo verdadero es lo que es en el hacer". Gentile, refundiendo una frase de Giambattista Vico, escribe, *verum et fieri convertuntur*. Y, finalmente, resume esto: "el concepto de verdad coincide con el concepto de hecho". Pocas afirmaciones están más lejos del espíritu de Hegel.[44]

El simple hecho de que Marcuse intente con tanta insistencia probar que Hegel no es el precursor teórico del fascismo, indica que esta tesis fue común y merecedora de ser contradicha en el tiempo en que fue escrito *Razón y revolución*. El filósofo formado en la tradición de la Teoría crítica y traductor del texto de Marcuse del inglés al alemán, Alfred Schmidt, lo constata lisa y llanamente: "Cuando *Razón y revolución* fue publicado en lengua inglesa, en la primavera de 1941, el autor tenía por objetivo oponerse a la opinión dominante en los países anglosajones según la cual la filosofía de Hegel, especialmente su teoría del Estado, figura como una de las fuentes directas de la ideología fascista y nacionalsocialista".[45] Como además constata implícitamente A. Schmidt, estos debates ya no tienen lugar en esta forma. En ese sentido se entiende también por qué nuestras objeciones sólo le merecieron la consideración de "impulso moral".

---

[44] Marcuse, *Razón y revolución, loc. cit.*, p. 393. Marcuse cita aquí a Giovanni Gentile, *Teoria generale dello spirito come atto puro*, Florencia, 1944, pp. 14, 21 y 19.

[45] Alfred Schmidt, "Nachwort des Übersetzers", en Herbert Marcuse, *Vernunft und Revolution, loc. cit.*, p. 375.

Pero desde hace algún tiempo, en relación con los avances de diversos pensadores conservadores y derechistas hacia una "*nueva interpretación de la historia alemana reciente*" (así, por ejemplo, también la planificación y realización de un "Museo Alemán de Historia", el "debate de los historiadores" [*Historikerstreit*], la polémica visita del entonces canciller federal de la RFA, Helmut Kohl y del entonces presidente de los Estados Unidos, Ronald Reagan, a las tumbas de miembros de las ss en el cementerio militar de Bitburg, Alemania, el 5 de mayo 1985) vuelve necesario analizar aquella época de la historia humana que prohíbe entender la realidad como manifestación del espíritu.[46]

Al menos para quienes participan en este intento, es válido (de nuevo), en relación con la recepción de la teoría del Estado de Hegel, lo que escribió Marcuse en *Razón y revolución* en aquel tiempo:

> El contenido de una obra verdaderamente filosófica no queda intacto con el paso del tiempo. Si sus conceptos se encuentran en relación esencial con los fines e intereses de las personas, un cambio fundamental de la situación histórica los inducirá a verlos con una nueva luz. En nuestro tiempo, la formación del fascismo exige imperiosamente una nueva interpretación de la filosofía hegeliana.[47]

---

[46] Véase por ejemplo la publicación que apareció con motivo del mencionado ciclo de cine, en la que también están documentados los artículos centrales del "debate de los historiadores": Tim Darmstädter, *Geschichte und Identität. Film und Diskussionstage an der Universität Frankfurt*. Frankfurt am Main, AStA-Linke Liste Uni Frankfurt, 1987.

[47] Marcuse, *Vernunft und Revolution, loc. cit.*, p. 11 (del prefacio de 1941, no incluido en la versión española, véase, la nota 14 de este capítulo). Véase también la reseña de Arthur Rosenberg: "Learning and science are always part of an existing society. Also the political theory of the last 200 years was an appendix of the 'Liberal' society. Also the conservative and the radical or socialist enemies of Liberalism were much more depended on its theories than they usually confessed or knew. We see at present, in Europe the total breakdown of the old 'Liberal' society. Therefor, also the old science falls. It is a most important part of our fight against Fascism on its own field". Arthur Rosenberg, "Neumann, Franz: Behemoth. The Structure and Practice of National Socialism", Oxford University Press, New York 1942" [reseña], en *Studies in Philosophy and Social Science*. Morningside Heights, Nueva York, Institute of Social Research, vol. IX, núm. 3, 1941, p. 526 ss. Y en *Zeitschrift für Sozialforschung*, publicado por Max Horkheimer, año 9, 1941, reimpresión facsímilar, Múnich, Deutscher Taschenbuch Verlag, 1980.

Que la teoría del Estado de Hegel no es la antítesis *incuestionable* al régimen nacionalsocialista puede verse, sin lugar a dudas, en las ardientes polémicas que acerca de la cuestión se han realizado en la literatura especializada. Pueden analizarse textos, por ejemplo, de Ernst Topitsch, Wilhelm Raimund Beyer, György Lukács y Herbert Marcuse.[48] Por supuesto, sería necesario examinar con mayor detalle el contexto en el que se formulan las diversas posiciones.

Con todo, el único de los autores mencionados que trata de probar una continuidad inequívoca entre la filosofía de Hegel y la ideología nacionalsocialista es poco convincente: Ernst Topitsch utiliza citas muy imprecisas, en ocasiones sin indicar la fuente. Además, cita a G. Lukács y a W. R. Beyer de una forma que sugiere falsamente que estos autores ven igualmente una continuidad entre Hegel y el fascismo. Confunde la crítica al hegelianismo con la crítica a Hegel. La intención del artículo de Topitsch es precisamente la de desacreditar la teoría marxiana y marxista al mismo tiempo que la dialéctica hegeliana. Justo esta intención es lo que Lukács y Beyer tratan de contrarrestar en los textos citados por Topitsch. Por una parte, Topitsch admite: "La relación entre el hegelianismo y el nacionalsocialismo casi sólo es analizada por autores marxistas, por ejemplo G. Lukács, *Die Zerstörung der Vernunft*, Berlín 1955 o W. R. Beyer '*Hegel Bilder*', Berlín 1964".[49] Pero no discute de ninguna manera su argumentación, al contrario: "olvida" la diferencia entre Hegel y ciertos hegelianismos y niega toda contradicción entre el método dialéctico y el, en parte, reaccionario sistema de Hegel, razonando superficialmente sobre esta dialéctica dice: "Hegel mismo llenó ese sistema de fórmulas huecas con los

---

[48] Ernst Topitsch, "Hegel und das Dritte Reich", en *Der Monat. Eine internationale Zeitschrift*, Weinheim/Berlín, Beltz-Quadriga, núm. 213, año 18, 1966, pp. 36-51; Wilhelm Raimund Beyer, *Hegel Bilder. Kritik der Hegel-Deutungen*, 2a. edición aumentada, Berlín, Akademie Verlag, 1968. En especial el capítulo I: "Typologie der 'Hegelei'", subcapítulo 13: "Der faschistische Hegel", p. 144 ss.; György Lukács, *El asalto a la razón. La trayectoria del irracionalismo desde Schelling hasta Hitler*, trad. Wenceslao Roces, México, Fondo de Cultura Económica, 1959 [ed. original György Lukács, *Die Zerstörung der Vernunft*, Neuwied/Berlín, Luchterhand, 1962, *Werke*, t. 9, en especial el capítulo 5: "Der Neuhegelianismus"; Herbert Marcuse, *Razón y revolución*, *loc. cit.*, en especial: "Introducción", "Epílogo" y la "Conclusión: El final del hegelianismo" los subcapítulos: "3. 'Hegelianismo' fascista" y "4. El nacionalsocialismo contra Hegel", véase también Herbert Marcuse, *Vernunft und Revolution*, *loc. cit.*, "Vorwort" [no incluido en la versión española].

[49] Ernst Topitsch, "Hegel und das Dritte Reich", *loc. cit.*, p. 36, nota al pie 2.

contenidos de una concepción del Estado sumamente autoritaria".[50] Contra el "esquema dialéctico de salvación", que repudia suponiendo que sirvió para "encontrar una justificación dialéctica incluso de la medida más extrema tomada por el régimen hitleriano", resalta apologéticamente: "empirismo y positivismo relativista", "ciencia jurídica positivista", "teoría de la *Sitte* [*Sittenlehre*] religiosa", "individualidad y subjetividad".

Beyer replica a Topitsch en la segunda edición, aumentada, de su *Hegel-Bilder*, citada por Topitsch según la primera edición, atacándole con vehemencia: "Es preciso revelar el motivo de estos esfuerzos por usar a Hegel para un propósito de esa naturaleza. Ernst Topitsch ha denunciado estas malversaciones de Hegel por las fascistas en una recopilación que queda bastante parcial. Pero no considera que su fórmula mágica de 'Hegel como fórmula hueca' y el desenmascaramiento de los estudios hegelianos en el Tercer Reich (enumerando tan sólo unos pocos filósofos del derecho y pasando por alto a los filósofos 'grandes' como Hermann Glockner y Heinrich Heimsoeth) no tiene ninguna justificación histórica si desemboca en un mero grito de Casandra".[51]

Marcuse señala, por un lado, continuidades entre el régimen burgués y el fascismo y el nacionalsocialismo, pero rechaza por otro lado una vulgar tesis de continuidad entre Hegel y el nacionalsocialismo. Al igual que György Lukács en *Die Zerstörung der Vernunft* [*La destrucción de la razón*], separa estrictamente las tendencias reaccionarias del sistema hegeliano de su contenido humanista y el método dialéctico, que en ocasiones trasciende la formación social burguesa. Lukács formula en su crítica del "neohegelianismo": "Es evidente que el Hegel, cuyo renacimiento indujo el imperialismo, no tiene nada que ver, ni histórica ni sistemáticamente, con las tendencias emancipadoras de Hegel. Hemos visto, a partir de numerosos argumentos detallados, que fue precisamente el método dialéctico la víctima principal de esta 'renovación' de Hegel".[52]

Por último, cabe anotar lo siguiente: a pesar de la semejanza en la representación de las dos caras de la filosofía hegeliana entre

---

[50] *Ibid.*, p. 37.
[51] Wilhelm Raimund Beyer, *Hegel Bilder. Kritik der Hegel-Deutungen*, loc. cit., p. 154.
[52] György Lukács, *Die Zerstörung der Vernunft*, loc. cit., p. 499.

Marcuse en *Razón y revolución*, como se ha expuesto arriba, y György Lukács en *Die Zerstörung der Vernunft*, Lukács ataca con vehemencia a Marcuse, a quien considera "neohegeliano", reprochándole "un acercamiento más de Hegel al romanticismo".[53] La vinculación de Hegel con el romanticismo, sigue Lukács, es una "falsificación histórica de la formación y del impacto de la filosofía hegeliana, de sus presupuestos y de su crecimiento" que sirve, "en primer lugar, para eliminar radicalmente la dialéctica del método hegeliano 'correctamente entendido' y 'modernamente renovado', y, en segundo lugar, para hacer del irracionalismo vitalista el fundamento constitutivo de la nueva síntesis de la reacción filosófica alemana pretendida por el neohegelianismo".[54]

Pero fue justamente Marcuse quien, en sus explicaciones acerca de la teoría hegeliana del Estado en *Razón y revolución*, resalta el método dialéctico en contraposición a los elementos reaccionarios de su sistema. No obstante, Lukács cita a Marcuse a partir de su texto más joven (de su 'época heideggeriana') *Hegels Ontologie und die Grundlegung einer Theorie der Geschichtlichkeit*,[55] y no menciona la obra *Razón y revolución*, que fue publicada en 1941 en Nueva York, en lengua inglesa. Es de suponer, pues, que cuando escribió el texto *Die Zerstörung der Vernunft* (título en español: *El asalto a la razón*), terminado en 1954, no conocía la obra de Marcuse, no publicada en otro idioma sino hasta 1962.[56]

Cabe recordar que György Lukács, al criticar el escaso rechazo que sufrió el contenido reaccionario del sistema hegeliano, que coincidía con la debilidad de los intentos por rescatar su emancipatorio método dialéctico, atacó varias veces con fuerza a la socialdemocracia de la era de la *República de Weimar* (Siegfried Marck, Max Adler, etc.) por su política de *acuerdos* [*Kompromißpolitik*] con sectores altamente reaccionarios de la burguesía, lo que se expresa también en la filosofía desarrollada en el seno de la socialdemocracia.[57] Además, podría

---

[53] *Ibid.*, p. 492.
[54] *Ibid.*
[55] *Ibid.*, Lukács cita aquí a Herbert Marcuse, *Hegels Ontologie und die Grundlegung einer Theorie der Geschichtlichkeit*, Frankfurt/Main, Vittorio Klostermann, 1932, p. 279.
[56] Véase Alfred Schmidt, "Nachwort des Übersetzers", en Marcuse, *Vernunft und Revolution, loc. cit.*, p. 376.
[57] György Lukács, *Die Zerstörung der Vernunft, loc. cit.*, p. 498.

resultar revelador analizar por qué hasta el día de hoy predomina la actitud de discutir ampliamente el lado más fructífero de Hegel y, a la vez, rechazar rigurosamente una profundización de la crítica al contenido reaccionario de su teoría política.

Dado que en la literatura del *marxismo hegeliano* [*Hegelmarxismus*] es indiscutida la existencia de esta vertiente reaccionaria, resultaba curioso que en los años ochenta del siglo XX en Frankfurt no era posible discutirla extensamente. No es aquí el lugar para investigar si existía una relación entre este fenómeno y el predominio socialdemócrata en la entonces izquierda profesoral de la República Federal de Alemania, pero era precisamente la ausencia de precisión intransigente exigida por Lukács a la hora de analizar las dos caras de Hegel, lo que le quitaba filo al debate en círculos universitarios hegelianos de izquierda. No se le hace ningún favor al lado emancipador de Hegel, cuando se rechaza dogmáticamente la discusión y la crítica de su lado reaccionario y apologético.

Cuando Marcuse dice, respecto de la cuestión de la relación entre Hegel y el nacionalsocialismo, que la filosofía política de Hegel parte de la (falsa) suposición de que el funcionamiento de la sociedad burguesa puede ser mantenido sin necesidad de renunciar a los derechos y libertades esenciales del individuo,[58] la cuestión que se plantea es, en qué contexto debe entenderse esta falsa suposición.

Preguntado de otra manera: ¿había (en el tiempo de Hegel) un precio que pagar por la transformación de la sociedad feudal a la sociedad burguesa y el cual el filósofo en Berlín no considera en su filosofía política? ¿En qué medida subestimó Hegel los rasgos antihumanistas de la historia europea, que fueron condiciones necesarias para la formación de la era moderna, la Revolución francesa, la cultura idealista, el humanismo? Los seguidores actuales de Hegel (incluidos los que están cercanos a lo que alguna vez se llamó "hegelianos de izquierda") suelen introducir una llamativa limitación en sus investigaciones: el examen de los desarrollos sociales y científicos se restringe, por regla general, a Europa (a Europa occidental en la mayoría de los casos) y a América del Norte. Así se llega a conclusiones como que el capitalismo hoy, frente al análisis de Marx, ya solamente produce una depauperación relativa y no absoluta. Basta un conocimiento superficial acerca del desarrollo del nivel de

---

[58] Marcuse, *Razón y revolución*, loc. cit., p. 398.

vida de la mayoría de la población mundial, para ver con claridad que, al contrario, se está produciendo una creciente depauperación absoluta como consecuencia del desarrollo capitalista de los medios de producción. Es preciso preguntar hasta qué punto existe una relación entre el eurocentrismo de Hegel y el eurocentrismo actual en las ciencias sociales y humanidades *críticas*. Una crítica e investigación del etnocentrismo en la tradición teórica alemana, pendiente desde hace largo tiempo, debe examinar el origen de los enunciados de Hegel acerca de los habitantes de América y África en su tiempo (por ejemplo en *La Filosofía de la Historia*). En todo caso, para el tema que nos ocupa es preciso constatar que existe una íntima relación entre la falsa suposición de Hegel arriba mencionada y su eurocentrismo: El precio del progreso en Europa era (es) precisamente, entre otros, la explotación sin límites de individuos humanos y sociedades, así como de sus riquezas, en África, América y Asia. Sólo el menosprecio que Hegel expresa en varios pasajes de sus obras hacia aquellos individuos y sociedades, que "pagaron la cuenta" de la formación de los Estados burgueses europeos sin beneficiarse en su mayoría de ciertas posibles ventajas de este *desarrollo*, sino que, en gran medida, fueron destruidas sus estructuras socioeconómicas existentes, permitió a Hegel llegar a la idealización, descrita por Marcuse, del Estado de la restauración.[59]

El examen de la falsa suposición de Hegel según la cual la sociedad burguesa no requiere –en principio– de medios profundamente antihumanos para garantizar su existencia, lleva a la conclusión de que una teoría basada en ello está condenada a fracasar frente al análisis de la ruptura de civilización ocurrida en el seno de la sociedad burguesa: la Shoah en el nacionalsocialismo; así como el haber renunciado a analizar los crímenes de lesa humanidad cometidos desde Europa en las colonias. Entonces, la crítica de la sustancia reaccionaria de la filosofía política de Hegel nos remite también, a la luz de la historia alemana reciente, a una crítica del (implícito) etnocentrismo establecido hasta hoy.

---

[59] *Ibid.*

4. DIALÉCTICA HISTORIZADA.
HEREDEROS INNOBLES DE HORKHEIMER Y ADORNO

1. *Wer vom Kapitalismus nicht reden will, soll auch vom Faschismus schweigen* ("Quien no quiere hablar del capitalismo debería callarse también respecto del fascismo").

Es una de las frases más celebres de Max Horkheimer, pronunciada poco después del fin del nacionalsocialismo impuesto militarmente por la Unión Soviética, los Estados Unidos, Inglaterra y los otros aliados. Horkheimer se opuso a los intentos de teorizar sobre el nacionalsocialismo sin ver su íntima relación con la forma de reproducción capitalista. El lema del libro de Helmut Dubiel que aquí intentamos comentar podría formularse, en contraposición a esta frase:

"Quien habla sobre el fascismo ya no necesita hablar del capitalismo." O formulado de otra manera: "Quien no quiere criticar el capitalismo, debería reducir sus crueldades exclusivamente al fascismo".

El intento de Dubiel es teorizar e investigar sobre la historia real y científica de Alemania, sobre todo con referencia al nacionalsocialismo *sin* tomar en cuenta la continuidad de la forma de reproducción capitalista y de las instituciones civiles y estatales burguesas. Es decir, el proyecto científico de Dubiel es diametralmente opuesto al de Horkheimer y al de la Teoría crítica en general. Este punto llama la atención ya que Dubiel declara, sin dudas ni inseguridades, ser miembro distinguido de la *tercera generación de la Teoría crítica*.[1]

Dubiel no explica en ningún momento del libro por qué piensa que esta autodenominación de la "tercera generación de la Teoría crítica" es adecuada para describir su proyecto científico. Se limita más bien a desarrollar varias defensas en contra de distintas críticas que se le hicieron justamente por esta autodenominación. Sólo al final del volumen, en una entrevista que le hacen Oliver Kozlarek, Miriam Madureira y Gustavo Leyva, informa que era director del

---

[1] "Nosotros, la tercera generación de la Escuela de Frankfurt", Helmut Dubiel, *Teoría Crítica. Ayer y Hoy*, trad. Gustavo Leyva y Oliver Kozlarek, México, Universidad Autónoma Metropolitana-Iztapalapa, 2000, p. 47.

Institut für Sozialforschung (Instituto de Investigaciones Sociales) en Frankfurt en los años noventa, cargo que tenía antes y después del exilio de Max Horkheimer.[2] Esta continuidad institucional, así podría entenderse, sería un posible argumento positivo y no solamente defensivo de por qué la autodenominación mencionada tiene su razón de ser. En términos de una escuela filosófica y de ciencias sociales que no se define a partir de un lugar institucional específico por su complicada historia provocada por el exilio, este argumento no sería muy convincente. La Teoría crítica era más bien un proyecto colectivo e *interdisciplinario* que a pesar de haberse desarrollado originalmente en el Institut für Sozialforschung de Frankfurt, continuó su fase productiva y colectiva incluso cuando los miembros se ganaron la vida en distintas instituciones en el país de exilio, pero manteniendo por varios años las estructuras de discusión. Lo que en definitiva uniría después de 1933 este proyecto teórico, no era una institución formal sino más bien una pregunta en común, que aun antes del exilio hizo posible la hoy en día tan inusual colaboración de científicos de todas las ciencias en el ámbito de lo que se conoce en la actualidad como "ciencias sociales y humanidades". Esa pregunta era: ¿cómo es posible que la forma de reproducción capitalista, a pesar de ser abiertamente disfuncional para organizar una sociedad que dé comida, techo, educación, salud, derecho, libertad y democracia a todos sus miembros, sigue siendo vigente y tiene incluso cada vez más apoyo de la mayoría de las poblaciones? Era esta pregunta y el intento colectivo de responderla lo que unía a filósofos, sociólogos, politólogos, economistas, historiadores, científicos del derecho, psicólogos y no lo era realmente ningún lugar geográfico. Esto es aún así, a pesar de que se suele llamar todavía "Escuela de Frankfurt" a esta tradición teórica –hecho que incluso el mismo Dubiel problematiza en el libro–.[3] Nos quedamos entonces con nuestra duda terminológica inicial de por qué Dubiel insiste en esta autodenominación de la "tercera generación de la Teoría crítica".[4]

2. Antes de entrar en detalles quiero aclarar desde qué punto, en la topología de la ciencia y la filosofía social contemporánea estamos

[2] *Ibid.*, p. 131.
[3] *Ibid.*, p. 133.
[4] *Ibid.*, p. 47.

argumentando. Dubiel conoce, en relación con la Teoría crítica, solamente dos formas posibles de entenderla en la actualidad: por un lado, la defensa casi ciega de sus viejos principios teóricos y afirmaciones filosóficas que se hacen de una manera "filológica", excluyendo la posibilidad de aplicar esta teoría a discusiones actuales. Incluye además, en esta actitud de retomar los resultados básicos de la Teoría crítica, la incapacidad de estar hoy en día "en el interior" de los problemas políticos y sociales y con esto uno se queda sin la posibilidad de intervenir en cuestiones políticas concretas.[5] Menciona el caso de teóricos que estudian esta teoría como una parte de la historia de la filosofía sin aplicar la radicalidad de su crítica al capitalismo de la sociedad contemporánea. Esta forma de actuar científicamente sin lugar a dudas existe en relación con la Teoría crítica, así como ha existido y existe en relación con todos los grandes proyectos filosóficos en la historia.

Por el otro lado Dubiel ve lo que él llama con toda humildad la *segunda y tercera generación de la Teoría crítica*. La segunda sería Habermas, la tercera sobre todo Axel Honneth y él mismo. Ellos son, según Dubiel, los verdaderos herederos de la Teoría crítica porque retoman (esto da a entender sin expresarlo abiertamente) algunos de sus principios y resultados más importantes (no menciona cuáles) y los aplican a problemas actuales. Si estas "aplicaciones" hacen necesario, según los que aplican, la transformación de algunos postulados o resultados básicos de la llamada primera generación, entonces se hacen, así de simple. Si esto tiene, o no, como consecuencia la pérdida de algunos de los conocimientos adquiridos más valiosos de la Teoría crítica, no le importa mucho, lo que importa es la capacidad de estar "en el interior" del *circo mundi* y no quedarse en la posición de exterioridad que ve en los exiliados judíos alemanes en Estados Unidos. (Dicho de paso: esta exterioridad geográfica la confunde Dubiel con una exterioridad política: la influencia de la Teoría crítica, por ejemplo de Herbert Marcuse y Franz Neumann sobre la política de los Estados Unidos en la guerra y en los primeros años después de ella, que era mucho mayor que la influencia política que Dubiel y Honneth juntos tienen hoy en día. También la influencia política y social de Horkheimer y Adorno en los primeros años de la República Federal Alemana fue mucho mayor a la de Habermas en

---

[5] Véase *ibid.*, pp. 51 y 61.

toda su vida hasta hoy, por el alto impacto que su teoría tuvo sobre los estudiantes y jóvenes del 68, de relevantes consecuencias –aún en la actualidad– en la RFA. Esta relevancia se debía en gran parte, justamente a no estar involucrado con ninguna organización política ni en el nacionalsocialismo ni después de 1945, lo que posibilitaba un involucramiento con la libertad –como dirían– mucho mayor de lo que Dubiel y Habermas podrían imaginarse.)

Pero, ¿cuál es entonces nuestra posición, si no es ninguna de las dos anteriormente descritas en términos de Dubiel? Es la posición de seguir en lo teórico con esta crítica radical a la forma de reproducción capitalista que, además, era la base socioeconómica y psicológica del nacionalsocialismo, vinculado con un proyecto de intervenciones políticas fuera de los partidos establecidos. Dubiel sabe muy bien de la existencia de esta posición, que en Frankfurt ha existido por muchos años; por ejemplo en el grupo estudiantil *Undogmatische Linke* (Izquierda no dogmática), que tuvo por mucho tiempo a la mayoría de los estudiantes participantes en las elecciones internas detrás de sí, porque nos enfrentamos más de una vez en público con él, Honneth y Habermas. Debe de tener sus razones para omitir esta tercera posición hacia la Teoría crítica y poder presentar la segunda –que es la suya– como la única capaz de intervenir hoy en día políticamente.

3. Volvamos sobre el tema del nacionalsocialismo y el papel que juega para la Teoría crítica. Dubiel trata el nacionalsocialismo como una fase histórica determinada y sin lugar a dudas terminada. La presencia actual del nacionalsocialismo la ve únicamente al nivel psicológico como posibles "traumas"[6] de los sobrevivientes y de los que lograron escaparse del *destino* que el movimiento popular nacionalsocialista había previsto para ellos: la muerte en la cámara de gas. Dubiel da por hecho el fin definitivo de este proyecto histórico, que tenía el apoyo, o por lo menos la aprobación, por vía del silencio, de la mayoría de la población alemana (recuérdese que Hitler llegó al poder de manera democrática y se suicidó no porque las multitudes alemanas se rebelaran en contra de él, sino porque el ejército rojo estaba a unos cuántos kilómetros al este de Berlín y las tropas estadunidenses e inglesas estaban en el sur de Alemania). A partir de este supuesto, presente en todo el libro, desarrolla la argumentación de la necesaria

---

[6] *Ibid.*, p. 27.

limitación histórica de la radicalidad de la crítica de la Teoría crítica de la sociedad. Quiere para hoy, cuando las consecuencias del capitalismo son –por lo menos en Alemania– menos inhumanas de lo que eran entre 1933 y 1945, una teoría menos radical en su crítica. Su proyecto es una Teoría crítica, pero no tanto. La *crítica à la carte* sería entonces su lema, si lo entendemos bien: para Hitler su Horkheimer, Adorno y Marcuse; para Schröder su Habermas, Honneth y Dubiel.

Esta argumentación de Dubiel es cuestionable en por lo menos tres sentidos:

PRIMERO. Hay muchos autores, también entre los que tuvieron que huir del nacionalsocialismo, que estaban convencidos de que el nacionalsocialismo era una interrupción, un accidente de la historia mundial, de la historia alemana, de la historia de la sociedad burguesa y de la historia del capitalismo. Incluso entre los clásicos críticos del capitalismo, los marxistas, había posiciones en este sentido. Lo específico de la Teoría crítica es justamente que no comparte la tesis del accidente histórico y está profundamente convencida que solamente dentro de un contexto histórico de muy largo alcance se podría entender (o por lo menos describir) lo que pasó en el nacionalsocialismo. Pero defender esta posición, o no hacerlo, no tiene nada que ver con el momento histórico en el cual un autor vive y escribe, sino se trata únicamente de diferentes posiciones y resultados teóricos.

Extrañamente, Dubiel insiste en la posición de estas otras escuelas teóricas (como por ejemplo el circulo de Viena, cuyos miembros también estaban en contra del nacionalsocialismo y tenían que exiliarse por esto y por ser mayoritariamente judíos), pero lo hace sin retomar abiertamente los postulados teóricos a partir de los cuales llegaron con cierta congruencia a esta conclusión. Lo que quiere es ser parte de la Teoría crítica en lo anecdótico, pero pensar como sus oponentes más agudos en lo teórico.

Para la Teoría crítica el acontecimiento clave del nacionalsocialismo es la destrucción de los judíos europeos, la Shoah, pero Dubiel no menciona este *detalle* en su libro. También en este sentido se parece a ciertas teorías que hoy en día quieren relativizar históricamente el nacionalsocialismo y por lo mismo tienen que minimizar el hecho provocado por el nacionalsocialismo más presente hoy en Europa: la ausencia de judíos europeos. Ninguna otra consecuencia del nacionalsocialismo es igualmente relevante para la vida cotidiana *actual* y por lo mismo no conviene mencionarlo si se quiere hablar del nacionalsocialismo como algo que pasó a la historia sin más.

Los autores que hasta hoy continúan con más congruencia la tradición de interpretación o descripción del nacionalsocialismo son justamente personas que no se autodenominan la *generación x* de la Teoría crítica. Pero, sin lugar a dudas, son ellos los que realmente aplican los resultados de esta teoría a la situación actual. Los productos de sus investigaciones tienen un impacto sobre el desarrollo de las sociedades actuales mucho mayor que los trabajos de la autodenominada tercera generación. Me refiero sobre todo a Raul Hilberg quien retoma varias de las tesis centrales del *Behemoth* de Franz Neumann para escribir su monumental obra *The destruction of the european jews* (*La destrucción de los judíos europeos*)[7] y a Claude Lanzmann quien, basándose en varios puntos clave de este libro, produjo la mejor obra cinematográfica de todos los tiempos: *Shoah*.

SEGUNDO. La hipótesis de Dubiel de que el nacionalsocialismo dejó de tener relevancia decisiva para la teoría social actual es falsa, porque el nacionalsocialismo no dejó de ganar. Mientras que la mayoría de las víctimas siguen sin nombre ni tumba y no tienen a nadie que les llore o haya llorado en algún momento por ellos, los asesinos siguieron en sus puestos en la RFA en casi todos los casos, hasta su jubilación por edad o muerte. Jürgen Habermas mismo, a quien Dubiel nos presenta como la segunda generación, defendió en su momento, en 1988 en los órganos colegiados de la Universidad de Frankfurt, el hecho de que el entonces rector haya invitado a cinco de los más importantes colaboradores en la economía nacionalsocialista, con el fin de presentarlos como personas con biografías ejemplares, para que hablaran en los grandes eventos organizados para estudiantes.

El autor tuvo que enfrentarse personalmente, en el Consejo Universitario de Frankfurt, a este Habermas que, en palabras de Dubiel, trata de hacer política "desde el interior" y no quedar fuera de la jugada. Fue justamente en este momento, a partir de la tercera posición teórica-política que antes mencionamos y que Dubiel no ve como posible, que esta victoria tardía de algunos de los más destaca-

---

[7] Raul Hilberg, *La destrucción de los judíos europeos*, trad. Cristina Piña Aldao, Madrid, Akal, 2005 [ed. original Raul Hilberg, *The destruction of the European Jews*, Nueva York, Holmes y Meier, 1985].

dos cómplices de los nacionalsocialistas, pudo ser impedida aunque fuera en un espacio limitado, en la realidad política actual. (Dicho de paso: había un solo maestro, Egon Becker, de la Universidad de Frankfurt que apoyó desde el Consejo Universitario a los estudiantes críticos. Lo justificó con el hecho de que su suegro había estado prisionero en un campo de concentración. Becker fue amenazado fuertemente, debido a sus críticas, por el rector durante el Consejo; Habermas, quien en su obra siempre elogia el libre intercambio de ideas, se quedó callado por unos momentos para después apoyar la propuesta del rector de "reconciliación", la cual consistía en ampliar el espectro de invitados e invitar, por cada distinguido colaborador del nacionalsocialismo, a una persona de la izquierda intelectual alemana.

Finalmente, los estudiantes ganábamos este conflicto intrauniversitario con repercusiones a escala nacional después de que el gobierno del Estado de Hessen, así como la *Frankfurter Allgemeine Zeitung*, el periódico conservador más importante de la RFA, apoyaron nuestra crítica a este suceso inédito en la Universidad de Frankfurt, que apoyaba la continuidad de los actores del sistema nacionalsocialista. Estos acontecimientos tuvieron cierta relevancia para el desarrollo posterior de la RFA. Según nuestra información, estas personas invitadas nunca osaron presentarse en alguna universidad alemana como ejemplos para la juventud. La mayoría de ellos murió sin haber logrado este "reconocimiento", que en otros ámbitos de la RFA sí alcanzaron. Este conflicto demuestra cómo la reinterpretación de la Teoría crítica por las autodenominadas segunda y tercera generaciones coincide no con la realidad del fin de la relevancia del nacionalsocialismo para la actualidad, sino se encuentra en complicidad con la continuidad de muchas de sus estructuras y de sus actores a nivel político y social.

TERCERO. Dubiel afirma que los análisis de la Teoría crítica se concentran únicamente en el nacionalsocialismo y que con el desarrollo de la sociedad de posguerra otros fenómenos se vuelven más importantes y, con esto, una crítica tan radical, caduca. Ahí pasa por encima el hecho de que Horkheimer y Adorno en su *Dialektik der Aufklärung* –libro que usa Dubiel justamente como ejemplo para esta tesis– analizan también la sociedad que los recibió como exiliados. Eso es sobre todo obvio en el capítulo sobre la industria cultural, pero también en el capítulo sobre el concepto de ilustración. En el capítulo sobre la industria cultural usan más ejemplos tomados de la sociedad estadunidense de los años cuarenta que de la sociedad alemana nacionalsocialista. Incluso en el muy relevante capítulo sobre los "Elementos del antisemitismo" que de manera sistemática queda excluido o marginado en casi toda la literatura secundaria, está presente la sociedad norteamericana, sobre todo en la terminología de la tesis VII cuando desarrollan el concepto del *antisemitismo de "ticket"*.

Es decir, aun a primera vista este libro no está basado exclusivamente en la experiencia del nacionalsocialismo, sino también del exilio en un país de un capitalismo "regular", "normal". Extrañamente podemos observar que Dubiel, a pesar de insistir en su libro en que la mayor parte de los textos de la Teoría crítica fueron desarrollados en los Estados Unidos, no menciona el hecho arriba descrito en su afán de quitarle la radicalidad a la Teoría crítica, historizándola, es decir, limitándola.

4. Dubiel *et alii* como la tercera generación de la Teoría crítica. Volvamos al punto en que Dubiel insiste en ser uno de los pocos representantes de la "Teoría Crítica Hoy".

Aparte del descrito y criticado historizar de la Teoría crítica, a Dubiel le hace falta para fundar esta autodenominación, deshacerse de otros posibles herederos de esta escuela. Por supuesto nunca se le podría ocurrir pensar en los dos autores que ya mencionamos: están en el extranjero y son judíos. La nueva Teoría crítica quiere estar adentro de una sociedad que mató a casi todos los judíos y de la cual la mayoría de los sobrevivientes prefirió quedarse *afuera*. Pero hay todavía otras personas por excluir. No se puede entrar en una discusión, que además sería poco fructífera, de quién podría ser, o no, más cercano a la Teoría crítica (por supuesto en continuo desarrollo), en el ámbito universitario o científico actual. (En México se podría ver como un muy buen candidato a Bolívar Echeverría, quién, desde nuestra perspectiva, aporta más a algo como una nueva Teoría crítica que el conjunto de las autodenominadas nuevas generaciones en Alemania.) Pero sí hay un estudioso que es necesario mencionar: Alfred Schmidt; sin lugar a dudas, en su forma de filosofar, el pensador más cercano, en el Instituto de Filosofía de la Universidad de Frankfurt, a la tradición de la Teoría crítica. Dubiel, quien no se limita al mencionar nombres de posibles candidatos para las supuestas nuevas generaciones, no lo menciona en ningún momento. Con esto sigue el ejemplo de Habermas, quién intentó durante largos años, llegar a ser el único heredero de la Teoría crítica, ninguneando a Schmidt. El primero era asistente de Adorno y el segundo de Horkheimer en los años sesenta. No queremos entrar al debate de qué tan cercano está Alfred Schmidt de la tradición de pensamiento fundada por Horkheimer, Adorno, Marcuse, Benjamin, Neumann, Kirchheimer, etcétera. Lo que salta a la vista es una afirmación de Dubiel en este contexto. En la página 81 declara: "La naturaleza ya no es más –como era aun en el marxismo– un mundo de cosas suministrado en forma libre para la explotación colectiva".

Aquí Dubiel *olvida* por completo el mundialmente conocido libro de A. Schmidt del año 1966, *El concepto de naturaleza en Marx*.[8] En él Schmidt analiza detenidamente, dentro de la discusión marxista, la relevancia de la naturaleza como instancia justamente no controlable o suministrable por completo por el ser humano y su voluntad. Pero Schmidt no era solamente uno de los primeros en la discusión filosófica del marxismo, sino dentro de la filosofía y ciencia social occidental en general de su época fue quien criticó la vieja idea de una naturaleza a merced de los seres humanos y su voluntad. Habermas, el gran ejemplo para Dubiel, en estos años ni siquiera captaba la relevancia de esta problemática. El hecho de que Dubiel haga la afirmación arriba citada sin mencionar este libro de Schmidt es porque está dentro de la tradición habermasiana de ningunear al otro posible "heredero" de la Teoría crítica.

La circunstancia de que ni Schmidt ni sus discípulos hubieran entrado a este pleito por la herencia de la fama de la Teoría crítica no expresa otra cosa que una mayor seriedad científica.

5. Vamos a terminar aquí, aunque queden sin mencionar varios puntos problemáticos del libro de Dubiel, para hacer la siguiente reflexión final: ¿por qué insiste Dubiel en historizar la Teoría crítica y reducirla a un "lamento de Horkheimer" sobre el nacionalsocialismo[9] o a un "*shock* existencial en una teoría"[10] motivado por la Shoah, mientras que a la propia teoría junto con la de Habermas la declara

---

[8] Alfred Schmidt, El concepto de naturaleza en Marx, trad. de Julia M. T. Ferrari de Prieto y Eduardo Prieto, México, Siglo XXI Editores, 1983.
[9] Helmut Dubiel, *Teoría crítica. Ayer y hoy*, loc. cit., p. 84.
[10] Ibid., p. 82.

una teoría social general que es válida supuestamente de manera independiente de su origen sociohistórico: la RFA en sus años de reconstrucción después del nacionalsocialismo? Citamos a Dubiel:

> Interrogado en torno al motivo que organiza toda su filosofía, Habermas remite a la intención de suministrar a la Teoría crítica de la sociedad una base conceptual sólida. Este fundamento –que cree que no puede ser tocado por traumas histórico-epocales– consiste en un concepto *comunicativo* de la razón.[11]

Dubiel presenta aquí de manera afirmativa el proyecto de Habermas y lo declara suprahistórico, mientras que la experiencia del genocidio se reduce a una experiencia cuasiindividual, un "trauma", un "shock".

¿No será justamente a la inversa?

¿Por qué no habla en ningún momento del "pragmatismo" de Habermas, cuando éste apoyó al rector de Frankfurt en 1988 cuando quiso invitar cinco o más colaboradores de primera línea del sistema nacionalsocialista y sólo habla del "peculiar pragmatismo"[12] del Institut für Sozialforschung en sus primeros años? ¿Por qué habla sólo del papel de víctimas de los autores de la Teoría crítica y no del hecho de que Habermas luchó en el ejército alemán por las causas del régimen de Hitler? ¿Por qué escribe de los traumas de Horkheimer y Adorno y no de los de Habermas? ¿Por qué la experiencia supuestamente democrática de la RFA es una base más sólida para una teoría universal de la sociedad burguesa –que obviamente intenta– que el análisis (más que la experiencia inmediata que solamente vivió Walter Benjamin quien se suicidó en su huida fracasada para no caer en las manos de los nacionalsocialistas) de la fase más próspera del capitalismo en Alemania entre 1933 y 1945? O dicho de una manera más directa: ¿por qué la perspectiva de los alemanes que se quedaron en el sistema nacionalsocialista, que fueron educados por (ex) nazis, como es el caso de Habermas y Dubiel, es más "desde el interior" que la perspectiva desde los exiliados, los muertos y los excluidos?

La forma como Dubiel historiza a la Teoría crítica y eterniza a Habermas, Honneth y a él mismo es –con todo respeto– la mirada

---

[11] *Ibid.*, p. 27.
[12] *Ibid.*, p. 80.

del ganador. Pero no del ganador del debate libre, científico y racional, sino simple y sencillamente del ganador *actual* en el terreno político y social.

Dejar pasar estas versiones sin confrontarlas con la crítica que merecen sería permitir que la Teoría crítica fuera –festejando su supuesta reencarnación en la supuesta segunda o tercera generación– enterrada para siempre. Sería la victoria tardía pero definitiva sobre la herencia de los burgueses liberales judíos (los únicos burgueses liberales que había) en Alemania.

Por último, hay que dejar en claro que obviamente este comentario está escrito, aunque en México, desde una perspectiva de las discusiones en la RFA. Sabemos que las discusiones sobre teoría y praxis, crítica y negatividad, interior y exterior, condiciones históricas y validez universal, etcétera, son parcialmente otras aquí. Pero retomar estas problemáticas conformaría un comentario aparte.

Queremos agradecerles en este sentido y con toda sinceridad a Gustavo Leyva y Oliver Kozlarek que hayan reabierto la discusión sobre la Teoría crítica en México a partir del libro que editaron de Helmut Dubiel. Esperamos que esta discusión continúe siendo fructífera en este país que podría ser el lugar idóneo para una nueva Teoría crítica de la sociedad, que retome algo más que el nombre de aquel proyecto único en la historia del pensamiento.

5. MODERNIDAD E IDENTIDAD
ACTUALIDAD DE LA REFLEXIÓN POLÍTICO-SOCIAL

Las siguientes reflexiones sobre uno de los problemas centrales para la discusión teórica y política de las contradicciones más elementales de nuestras sociedades contemporáneas –el problema de la identidad– parten de algunas de las principales aportaciones de la Teoría crítica. Sin la inclemencia reflexiva, practicada por los autores de esta corriente sociofilosófica, los antagonismos de la hoy dominante civilización occidental no podrán ser entendidos, como pasa por ejemplo a una gran parte de los autores involucrados en los debates sobre *identidad* y *diferencia*.

En el contexto actual de las discusiones que se podrían enriquecer por las aportaciones de la Teoría crítica, ocupan un lugar central los ensayos contemporáneos que enfrentan el racismo y el sexismo y otras formas de represión hacia minorías o grupos sociales que tienen la posición de minorías, sin serlo verdaderamente. A ningún sujeto social reprimido se le puede negar el derecho de autodefenderse y de luchar por su liberación, pero sí es válido hacer unas observaciones críticas sobre las formas de cómo se argumenta dentro de este afán de emancipación. El autor, socialmente definido como "blanco", "varón", "europeo", etcétera, formula estas tesis no para afirmar la posición social que podría tal vez tener por estos atributos, sino más bien para señalar unas limitaciones que implican los conceptos de identidad y diferencia en la búsqueda de la emancipación.

Hace doscientos años, se trató de alcanzar lo mismo con el concepto de igualdad que hoy en día, en muchas ocasiones, se trata de alcanzar con el concepto de diferencia: la superación de la opresión. Lo interesante es que este cambio prácticamente no se discuta en los debates actuales sobre la diferencia. ¿A qué se debe?

Hay una parábola que cuenta de una sociedad antigua en la cual se daba por hecho que el mundo estaba construido sobre cuatro elefantes gigantescos. Pero todos los filósofos y sabios discutían sin cesar sobre una cuestión que les preocupaba mucho: ¿de qué color eran los elefantes? Unos estaban convencidos que eran de color rosa y otros que grises, mientras que otra tendencia filosófica defendía que eran o rosa o de distintos colores. ¿Será que los debates actuales sobre igualdad y diferencia se parecen a estas discusiones elefantinas?

1. La vida moderna es esencialmente una vida citadina. La apertura hacia otras culturas y otras formas de organización de la vida cotidiana, que es el centro del proyecto de la Ilustración, se da preferentemente en las ciudades en sus dos formas básicas: los centros de comercio y los centros administrativos. En las dos formas, la ciudad es lugar de encuentro de individuos y grupos de muy diferente procedencia que están obligados a pasar por estos puntos por razones de la organización económica de la vida cotidiana y por razones de organización política y administrativa de la misma.[1] Sin embargo, en general los centros de comercio —como los grandes puertos— facilitan y exigen una mayor apertura que los centros administrativos, ya que la dinámica política, en mayor medida que la comercial, puede ser controlada en cada uno de sus detalles por las clases dominantes. Estas últimas son, desde la introducción del sedentarismo como forma prevaleciente de la organización de la vida cotidiana, cada vez más localistas, lo que llega a su máxima expresión en el Estado-nación como forma política con una tendencia que corresponde a la formación social burguesa. A pesar de que también la actividad comercial está, en última instancia, bajo el dominio de las clases dominantes, es imposible controlar cada uno de los actos que surgen en la confrontación de diferentes individuos y grupos en la actividad comercial a gran escala, como es el caso de los grandes puertos.

---

[1] La producción, que en una fase tardía se concentra también en cierto grado en las ciudades, no implica la misma necesidad de apertura cultural y social como el comercio y la concentración administrativa de grandes entidades políticas y sociales. Marx describe en *El capital* que los primeros pasos de industrialización, no solamente en Inglaterra, se dan originalmente fuera de las ciudades, por la presencia de arroyos de cierto grado mínimo de velocidad del fluido que se dan sobre todo en zonas montañosas y que se usaban para la generación de energía mecánica. Una segunda fase de la industrialización empieza con la invención de la máquina de vapor, en la cual la industria sigue en muchos casos, ubicada inicialmente fuera de la ciudad por la cercanía de los puntos de extracción de ciertas materias primas que se necesitan a gran escala (como el carbón, véase Coalbrookdale, Shropshire en Gran Bretaña). El comercio a gran escala, así como la organización político administrativa de grandes entidades, están vinculadas *esencialmente* con grandes centros urbanos, mientras la producción industrial no.

En aquellos puntos, además, es más difícil el control de acceso de individuos y grupos de diferente procedencia y también, por ello, la construcción de una supuesta homogeneidad se complica más que en otros espacios geográficos.[2]

2. La vida en la sociedad moderna-ilustrada, especialmente en estos grandes centros urbanos organizados a partir de la actividad comercial a gran escala y a grandes distancias, genera, en mayor medida que la vida sedentaria de otra índole, una tensión entre la capacidad y el deseo del ser humano de abrirse a los otros y a lo propio *otro* por un lado, y la exigencia social y cultural dominante de construir y representar *identidades* claramente definidas y sin contradicciones internas visibles, por otro lado.

3. Lo que parecen ser dos movimientos *opuestos* –el movimiento hacia la diferencia y el movimiento hacia la identidad– son, a pesar de las múltiples discusiones que parten ingenuamente de esta primera apariencia, dos expresiones de la misma dinámica moderna e ilustrada. Los conceptos de *diferencia* e *identidad* tienen el mismo origen histórico y lógico que el concepto de *igualdad*, con el cual polemizan, a saber: el pensamiento ilustrado, la cultura liberal, la sociedad burguesa y la forma de reproducción capitalista.

El individualismo burgués se desarrolla exactamente en el momento en el que se pierden las diferencias reales entre distintas regiones, culturas, etcétera, por la aplastante masificación de todas las relaciones sociales y sus sujetos.

La forma de reproducción capitalista se basa necesariamente en el doble juego de la igualdad (que se expresa en el valor o valor de cambio y el carácter social de la producción y los productores) por un lado y la desigualdad, es decir diferencia (que se expresa en el valor de uso y en el carácter privado de la producción y los produ-

---

[2] Sobre las ciudades porteñas como parte y a la vez no parte del Estado-nación al cual pertenecen formalmente, véase, por ejemplo, Steve Higginson y Tony Wailey, *Edgy Cities*, Liverpool, Northern Lights, 2006. En este libro, igualmente, está discutido el tema del *tiempo* –y de las diferentes percepciones y realidades culturales y sociales que hay de él– el cual está íntimamente ligado al tema de la identidad/diferencia. Este tema no lo discutimos en este texto, pero lo hemos analizado, inspirados en Walter Benjamin, en otro lugar (véase el capítulo dos: "Interrupción del *continuum* histórico en Benjamin" de este libro).

centes) por otro lado. Es decir: el doble carácter de la mercancía y de sus productores es la unidad de igualdad y diferencia, o en otras palabras, la unidad de identidad y no-identidad, que es la base de toda la formación social existente.

4. Las posiciones autodenominadas "posmodernas" que insisten en la *diferencia* e *identidad* de cada uno en diferencia a la identidad del *otro*, no son otra cosa que una variante de la incapacidad de la modernidad de concebirse a sí misma, es decir, de aprender el doble carácter de sus relaciones sociales como necesariamente iguales y desiguales a la vez. Mientras que en las clásicas posiciones que reivindican el derecho a la *igualdad*, o la igualdad ante la ley, se olvida ingenuamente que también la igualdad es base necesaria de la actual explotación y represión; las críticas posmodernas a la igualdad que festejan la *diferencia*, se olvidan que también la diferencia es parte indispensable del actual sistema social y económico represivo y explotador.

La superación de esta contradicción interna o de este doble carácter de la modernidad capitalista no se da ni en el olvido de la diferencia, ni en el olvido de la igualdad, sino únicamente en el análisis crítico de la relación dialéctica que tienen entre ellas. Es decir: la superación de las limitaciones de la actual modernidad, no se encuentra en la supuesta salida de ella, usando de manera exagerada el prefijo pos, sino más bien, es dentro de la misma modernidad existente, donde hay que analizar lo más profundamente posible, la falsa base de la actual modernidad capitalista y de su correspondiente vida citadina actual.

La plusvalía únicamente su puede generar en el actual sistema económico, a partir del, a la vez real y ficticio intercambio de equivalencias, al momento de la compra-venta de la mercancía básica del capitalismo: la fuerza de trabajo. Este intercambio es, por un lado, de equivalencias en el sentido que se le paga al trabajador –en general– el valor de la mercancía que tiene que vender: su capacidad de trabajo. Por otro lado, y a la vez, este intercambio no es de equivalentes porque la fuerza de trabajo tiene una capacidad que ninguna otra mercancía, con las cuales necesariamente se intercambia, tiene: la capacidad de *generar valor*.

El complejo juego de *igualdad* y *diferencia*, es también el secreto de las actuales relaciones internacionales, sobre todo entre los países del llamado primer mundo y los países del llamado tercer mundo.

La igualdad, expresada en contratos internacionales como el Tratado de Libre Comercio de América del Norte (TLCAN) garantiza el libre flujo de mercancías y valores, mientras la diferencia, por ejemplo en niveles de educación y desarrollo tecnológico que se reflejan en diferencias de niveles de salarios, garantiza un grado de explotación que en cada caso *diferente*, llega a su máximo y no es restringido por ninguna *igualdad*, por ejemplo en derechos laborales. El impedimento legal de construir centrales obreras binacionales (o multinacionales), es la contraparte *diferencial* a la *igualdad* de condiciones para los inversionistas de los países miembros de este tratado. Sólo esta combinación perfectamente desarrollada de *igualdad* y *diferencia*, hace real el sueño eterno de ciertas clases sociales: máximas ganancias. A ellos, el concepto de *diferencia* no les asusta, sino les gusta, al igual que sus propios antecesores burgueses hace doscientos años no temían la igualdad, sino lucharon por ella como *conditio sine qua non* de la forma de reproducción capitalista.

Incluso se podría preguntar, si el concepto de *diferencia* no coincide de cierta manera con el actual cinismo burgués, que ya no quiere recordar las promesas históricas de la *felicidad para todos* con las cuales llegaron a movilizar a las masas populares para su lucha revolucionaria-burguesa. Como en la memoria colectiva estas promesas están sobre todo vinculadas con el concepto de *igualdad*, podría ser incluso bien visto desde la perspectiva burguesa el rechazo, aún con buenas intenciones, de este concepto y la reivindicación de la *diferencia*.

5. El concepto de la diferencia tiene otra deficiencia. En general se plantea que el odio al otro, como se expresa por ejemplo en el racismo, en el antisemitismo o en el sexismo, es un odio al desconocido, al ajeno, al extraño, es decir al *otro* en el sentido más amplio de la palabra. Esta versión cae en la trampa de creerle al racista, antisemita o sexista. Pero no necesariamente deben ser verdad las palabras y otras expresiones de esta índole. Más bien habrá que estudiar profundamente las razones más centrales del odio al llamado *otro*.

Si el racista dice que el de otro color es flojo y no quiere trabajar, para justificar que el de otro color de piel le haga el trabajo sucio y pesado: ¿acaso es un odio al *otro*? Si el antisemita dice que los judíos sólo piensan en el dinero, para justificar que se hace rápidamente rico con la "ariación", es decir la expropiación de los judíos en beneficio de los antisemitas ¿acaso el antisemita odia *lo otro*? Si el sexista dice que las mujeres son débiles y poco racionales, para justificar que una mujer tiene que organizarle toda la vida, porque no es capaz ni siquiera de las organizaciones racionales cotidianas más simples: ¿acaso el sexista odia al *otro*?

Nuestra tesis, que retomamos de Horkheimer y Adorno, es que el llamado odio al otro es más bien un odio a lo demasiado conocido en uno mismo.[3]

Como en la sociedad actual prácticamente no hay lugar para la autocrítica y autorreflexión, el odio a las partes de uno mismo que uno no puede aceptar, por ejemplo a causa de ciertas reglas sociales, se proyecta en un odio al supuesto *otro*, que en verdad es el más cercano. No se odia lo desconocido en el otro, sino lo demasiado conocido; lo que uno debería –según la lógica vigente– odiar en uno mismo, se odia en el *otro*.

Un ejemplo histórico muy destacado, es la destrucción de los judíos europeos organizada desde la Alemania nacionalsocialista. Hay pocas culturas en Europa que están tan íntimamente vinculadas e influidas mutuamente como la alemana (en general) y la judía. Toda la cultura alemana está llena de influencias de la tradición judía, mientras que por ejemplo los judíos del este de Europa hablan o hablaron el yiddish, que se parece en mucho al alemán y tiene una de sus raíces más fuertes en este idioma. Distinguir la cultura alemana (en general) de la judía en Europa, es sumamente difícil y hasta cierto grado imposible (por lo menos hasta antes del nazismo, los nacionalsocialistas hicieron todo lo posible para hacer olvidar esto).

No era entonces la lejanía entre los judíos alemanes y los otros alemanes o los últimos y los judíos europeos en general lo que hizo posible el genocidio más perfectamente llevado a cabo en la historia, sino más bien la cercanía entre la cultura alemana y la judía. Los alemanes que se consideraron la *norma*, no odiaron a los judíos alemanes y los otros judíos europeos por ser diferentes, sino más bien por ser demasiado parecidos.

---

[3] Véase Max Horkheimer y Theodor W. Adorno, *Dialéctica de la Ilustración. Fragmentos filosóficos*, trad. Juan José Sánchez, Madrid, Trotta, 1994. Sobre todo el capítulo: "Elementos del antisemitismo", p. 226: "Lo que repugna como extraño es sólo demasiado familiar". Horkheimer y Adorno se refieren aquí a Sigmund Freud, "Das Unheimliche", S. Freud, *Gesammelte Werke*, vol. XII, Frankfurt am Main, 1968, pp. 254, 259, *passim*.

Por esta cercanía, los judíos eran el grupo que más cuestionaba tan sólo con su existencia la ideología nacionalsocialista de la "pureza racial" y las supuestas "diferencias raciales insuperables" y al mismo tiempo, la cercanía hizo más fácil la falsa proyección. Éstos fueron algunos de los factores principales que provocaron que hayan sido el grupo "predestinado" para la política de destrucción de los nacionalsocialistas.

6. El reconocimiento del *otro* es entonces, en última instancia, el reconocimiento de uno mismo. Es decir: el odio al otro no se supera con la aceptación de la diferencia del *otro* en comparación con uno mismo, sino más bien se logra con la aceptación de las contradicciones internas que cada uno tiene y con esto con la superación de la dependencia de las reglas sociales que reprimen a todos.

7. El concepto de *identidad*, que se usa de manera cardinal en teorías críticas hacia ciertos rasgos represivos de la actual sociedad moderna (el racismo, el sexismo...), implica, no tanto la posibilidad de rescatar la propia *diferencia* interna, sino mas bien una resurrección de la negación de las contradicciones internas. Las identidades, como en general se piensan e intentan realizar, tienden a extinguir las contradicciones internas, en lo personal así como en lo social o en lo referente a grupos. Un concepto fuerte de identidad no lleva entonces a la aceptación del *otro* como *otra identidad*, sino más bien a la represión de las contradicciones internas y con esto al deseo de proyectar los deseos reprimidos al *otro*, al odio del supuesto otro como representante *elegido* del *otro interno* prohibido por el concepto fuerte de identidad.

El ser humano es idéntico consigo mismo, sólo estando muerto. Mientras vive, todas su experiencias, las influencias de afuera, las fantasías y los sueños, los logros y las decepciones, el mismo proceso biológico del crecimiento desde niños, la maduración y el envejecimiento, hacen que en ningún momento sea idéntico a lo que fue en el momento anterior, pero es más: aún en un mismo momento hay contradicciones internas innegables. Uno puede ser, por ejemplo, *heterosexual* y de repente tener deseos homosexuales o al revés. Pero en general ningún grupo acepta con facilidad estas *extravagancias*. Ni los grupos minoritarios o reprimidos, como por ejemplo los homosexuales, están comúnmente muy de acuerdo, si de repente uno de *ellos* se sale de la definición de su *identidad* de grupo.

Incluso uno mismo tiende a no permitirse estas *rupturas de la identidad*. Aunque todos saben que un día amanecen, por ejemplo, con ganas de hacer el amor con cierta mujer y otro día se levantan con deseos bien distintos, casi nadie se permite el *lujo* de romper cada mañana con la identidad difícilmente establecida con anterioridad. Cada mañana despertamos como alguien distinto, pero sólo en muy pocos casos aceptamos esto en el momento de abrir nuestros ojos.

La falta de una identidad constante está considerada en nuestra sociedad como *locura* o por lo menos como falta de coherencia. Esto corresponde a la lógica de control social, en la cual lo que menos se permite son actitudes no definibles. Un matrimonio puede ser ubicado en las estadísticas de los Estados igual que una pareja gay, pero una persona que no se define y hace cosas cada vez menos previsibles, es una verdadera amenaza para el ojo clínico-sociológico que necesitan las clases reinantes para saber qué pasa con sus súbditos.

También la misma sociedad pide el control de las *identidades fijas*. Si ya no se sueña con la posibilidad de una sociedad libre, se exige por lo menos la justicia de otra manera: que nadie sea menos reprimido que la mayoría, éste es el nuevo lema de nuestra sociedad, que tiene una de sus expresiones en la *identidad forzada*.[4]

8. La superación del racismo, del antisemitismo y del sexismo no consiste tanto, como quieren hacer creer las llamadas teorías posmodernas, en la aceptación del *otro* (externo) y la construcción de la propia identidad, sino más bien en el análisis de la íntima relación que tienen en nuestra sociedad los conceptos de igualdad, diferencia e identidad y con esto en el análisis de los rasgos de nuestra sociedad que llevan a una elevada agresividad, que en última instancia no es una agresividad contra el *otro*, sino más bien una tendencia autodestructiva que implica *necesariamente* nuestra formación social irracional y destructiva.

---

[4] Véase sobre el problema de la identidad a Bolívar Echeverría, "La identidad evanescente", en B. Echeverría, *Las ilusiones de la modernidad*, México, Universidad Nacional Autónoma de México/El Equilibrista, 1995, pp. 55-74. Echeverría hace en este texto, partiendo de la teoría de Wilhelm von Humboldt, la propuesta de "concebir la universalidad de lo humano de manera concreta", con lo cual se podría rescatar, usando nuestros conceptos, la igualdad y a la vez la diferencia (p. 58).

9. La exaltación de la *diferencia* y la *identidad*, lejos de estar más allá (en el pos) de la modernidad capitalista, objetivamente hace más espesa la neblina conceptual ya que impide ver las contradicciones internas de la sociedad actual y recicla, una vez más, la absurda fantasía de que la tendencia autodestructiva de la sociedad burguesa –y con ello las contradicciones y limitaciones de su cotidianidad urbana– puede ser superada dentro de sus límites.

10. El debate de si en la *igualdad* o en la *diferencia*, en la *identidad nacional* o "*étnica*" o tal vez (¿por que no?) en la *identidad individual*, está el secreto de una sociedad menos repugnante que la que nos tocó, es, en última instancia, un debate escolástico porque realmente no es otra cosa que un debate entre distintas perspectivas limitadas sobre el mismo fenómeno total: la sociedad burguesa, que tiene como base necesaria, la *igualdad forzada*, la *diferencia forzada* y la *identidad forzada*.

El individuo *diferente*, se empieza a exaltar históricamente en el momento el que empieza la masificación de la sociedad, la identidad particular se festeja más cuando cada vez existe menos. La soledad de cada individuo *diferente* e *idéntico* es la base necesaria de la masificación, es decir, la *igualdad forzada* se basa en la *diferencia forzada*.

A la vez provoca la masificación generalizada, el deseo y la obligación social de *distinguirse* en aspectos tan importantes como la marca del auto usado, el equipo de fútbol anhelado, el perfume aplicado, la telenovela preferida o incluso el hobby escogido. En el ámbito internacional se exalta cada vez más la *diferencia nacional* mientras que se sabe perfectamente que ésta está en vías de desaparecer de manera acelerada. La *igualdad forzada* provoca entonces también la *diferencia forzada*.

11. La solución a cierta forma de ausencia de libertad no puede ser otra forma de ausencia de libertad. La represión que implica necesariamente la *igualdad forzada* no se puede superar con la *diferencia forzada*. La falta de libertad que implica la *identidad nacional forzada*, no tiene su antídoto en la *identidad "étnica" forzada* y ni siquiera en la *identidad individual*, que a pesar de estar más cerca de la emancipación, al igual que las otras identidades, no puede existir en la sociedad actual sin un elemento de coacción.

Pero, en la sociedad burguesa, el reclamo o la imaginación de una libertad –ya sea la más limitada y efímera– provoca necesariamente la pérdida de otra libertad.

12. La libertad no se alcanza sacrificándola. Suena como si fuera de conocimiento común, pero no lo es. La libertad se alcanza superando su limitación principal, que es la sociedad burguesa-capitalista. *Igualdad*, *diferencia* e *identidad* solamente se pueden desarrollar libremente en una sociedad libre.

13. El secreto de la inaplazable emancipación de los indígenas, de las mujeres, de los homosexuales, de las lesbianas y todos los oprimidos, explotados y llamados por la mayoría "otros", es la emancipación de la sociedad en cuanto tal. Todo lo otro no es otra cosa que el perverso intento de superar una represión con una nueva. De esto está llena la historia humana y ya no tiene caso repetirlo un vez más.

BIBLIOGRAFÍA DE LA TEORÍA CRÍTICA EN ESPAÑOL

THEODOR W. ADORNO

Actualidad de la filosofía, trad. José Luis Arantegui Tamayo. Barcelona, Planeta-Agostini, 1992, 204 pp. (nueva ed. Barcelona, Ataya, 1994).

Bajo el signo de los astros, trad. Carlos Milla Soler, Barcelona, Laia, 1986, 252 pp.

Beethoven, filosofía de la música. Fragmentos y textos, Rolf Tiedemann (ed.), trad. Antonio Gómez Schneekloth y Alfredo Brotons Muñoz, Madrid, Akal, 2003, 256 pp.

Cartas a los padres, 1939-1951, trad. Griselda Mársico, Buenos Aires, Paidós, 2006, 325 pp.

Consignas, trad. R. Bilbao, Buenos Aires, Amorrortu, 1973, 181 pp.

Correspondencia 1928-1940, con Walter Benjamin, trad. Jacobo Muñoz Veiga y Vicente Gómez Ibáñez, Madrid, Trotta, 1998, 339 pp.

Crítica cultural y sociedad, trad. Manual Sacristán, Barcelona, Ariel, 1969, 203 pp.

Dialéctica de la Ilustración. Fragmentos filosóficos, en coautoría con Max Horkheimer, trad. Juan José Sánchez, Madrid, Trotta, 1994, 303 pp.

Dialéctica del Iluminismo, en coautoría con Max Horkheimer, trad. H. A. Murena, Buenos Aires, Sur, 1969, 302 pp.

Dialéctica negativa, trad. José María Ripalda, Madrid, Taurus, 1975, 410 pp. (col. Ensayistas, núm. 133), reimpresión de 1990.

Educación para la emancipación. Conferencias y conversaciones con Hellmut Becker (1959-1969), Gerd Kadelbach (ed.), Madrid, Morata, 1998, 135 pp.

El cine y la música [en colaboración con Hanns Eissler], trad. Fernando Montes, 2a. ed., Madrid, Fundamentos, 1976, 189 pp., 2a. ed. 1981, 200 pp.

Epistemología y ciencias sociales, trad. Vicente Gómez, Madrid, Cátedra/Universitat de València, 2001, 128 pp.

Filosofía de la nueva música, trad. Alberto Luís Bixio, Buenos Aires, Sur, 1966, 169 pp.

Filosofía y superstición, trad. Jesús Aguirre y Víctor Sánchez de Zavala, Madrid, Taurus, 1972, 183 pp.

Intervenciones. Nueve modelos de crítica, Caracas, Monte Ávila, 1969, 161 pp.

Introducción a la sociología, Christoph Gödde (comp.), trad. Eduardo Rivera López, Barcelona, Gedisa, 1996, 259 pp.

Kierkegaard. Ensayo, trad. Roberto J. Vernengo, Caracas, Monte Ávila, 1969, 285 pp. (col. Pisma).

La disputa del positivismo en la sociología alemana, trad. Jacobo Muñoz, Barcelona, Grijalbo, 1973, 325 pp.
La ideología como lenguaje. La jerga de la autenticidad, trad. Justo Pérez Corral, Madrid, Taurus, 1971, 204 pp., 2a. ed. 1982, 127 pp.
La sociedad. Lecciones de sociología, en coautoría con Max Horkheimer, trad. Floreal Mazía e Irene Cusien, 2a. ed. Buenos Aires, Proteo, 1971, 205 pp., col. Biblioteca persona y sociedad, 14.
Lecciones de sociología, en coautoría con Max Horkheimer, Trad. Juan Novella Domingo, Madrid, Magisterio Español, 1982, 156 pp.
Mínima moralia. Reflexiones desde la vida dañada, trad. Joaquín Chamorro Mielke, Madrid, Taurus, 1987, 255 pp.
Mínima moralia, trad. Norberto Silvetti Paz, Caracas, Monte Ávila, 1975, 272 pp.
Notas de literatura, trad. Manuel Sacristán. Barcelona, Ariel, 1962, 134 pp., col. Zetien: estudios y ensayos, 6.
Notas sobre literatura, Rolf Tiedemann, Gretel Adorno, Susan Buck-Morss y Klaus Schultz (eds.), trad. Alfredo Brotons Muñoz, Madrid, Tres Cantos, Akal, 2003, 692 pp.
Prismas. La crítica de la cultura y la sociedad, trad. Manuel Sacristán, Barcelona, Ariel, 1962, 292 pp.
Reacción y progreso y otros ensayos musicales, trad. José Casanovas, Barcelona, Tusquets, 1970, 72 pp.
Sobre la metacrítica de la teoría del conocimiento. Estudios sobre Husserl y las antinomias fenomenológicas, trad. León Mames. Caracas, Monte Ávila, 1970, 289 pp.
Sobre Walter Benjamin. Recensiones, artículos, cartas, Rolf Tiedemann (ed.), trad. Carlos Fortea, Madrid, Cátedra, 1995, 177 pp.
Sociología, en coautoría con Max Horkheimer, trad. Víctor Sánchez de Zavala, rev. Jesús Aguirre, Madrid, Taurus, 1966, 251 pp.
Teoría estética, trad. Fernando Riaza, rev. Francisco Pérez Gutiérrez, Madrid, Taurus, 1980, 479 pp.
Terminología filosófica, t. 1, trad. Ricardo Sánchez Ortiz de Urbina, rev. Jesús Aguirre. Madrid, Taurus, 1976, 168 pp., col. ensayistas, 142; reimpresión de 1991, col. Humanidades, Filosofía, 142.
Terminología filosófica, t. 2, trad. Ricardo Sánchez Ortiz de Urbina, rev. Jesús Aguirre, Madrid, Taurus, 1976, 239 pp., col. ensayistas, 143.
Tres estudios sobre Hegel, trad. Víctor Sánchez de Zavala, Madrid, Taurus, 1969, 193 pp.

Obra completa

Basada en las *Gesammelte Schriften* de Adorno, editadas por Rolf Tiedemann, con la colaboración de Gretel Adorno, Susan Buck-Morss y Klaus Schultz, publicadas por la editorial Suhrkamp (Frankfurt am Main). Editada en español por Akal, Tres Cantos, Madrid, col. Básica de Bolsillo.

Tomo 2: *Kierkegaard. Construcción de lo estético*, trad. Chamorro Mielke, 2006, 256 pp.
Tomo 3: *Dialéctica de la Ilustración* (en coautoría con Max Horkheimer), trad. Chamorro Mielke, 2007, 320 pp., contiene "Dialéctica de la Ilustración" y un anexo con un texto afín.
Tomo 4: *Mínima moralia: reflexiones desde la vida dañada*, trad. Chamorro Mielke, 2004, 280 pp.
Tomo 6: *Dialéctica negativa. La jerga de la autenticidad*, trad. Alfredo Brotons Muñoz, 2005, 512 pp., contiene "Dialéctica negativa" y "La jerga de la autenticidad".
Tomo 7: *Teoría estética*, trad. Jorge Navarro, 2004, 512 pp.
Tomo 8: *Escritos sociológicos I*, trad. Agustín González Ruiz, 2005, 544 pp.
Tomo 10/1: *Crítica de la cultura y sociedad I*, trad. Jorge Navarro, 2008, 400 pp., contiene: "Prismas. Crítica de la cultura y sociedad" y "Sin imagen directriz. Parva aesthetica".
Tomo 11: *Notas sobre literatura*, trad. Alfredo Brotons Muñoz, 2003, 696 pp., contiene "Notas sobre literatura I", "Notas sobre literatura II", "Notas sobre literatura III", "Notas sobre literatura IV" y un apéndice con 17 textos afines.
Tomo 12: *Filosofía de la nueva música*, trad. Alfredo Brotons Muñoz, 2003, 200 pp., contiene "Filosofía de la nueva música" y un apéndice con dos textos afines.
Tomo 13: *Monografías musicales*, trad. Alfredo Brotons Muñoz, Joaquín Chamorro Mielke y Antonio Gómez Schneekloth, 2008, 512 pp., contiene "Ensayo sobre Wagner", "Mahler. Una fisionomía musical", "Berg. El maestro de la transición mínima" y un anexo con seis textos afines.
Tomo 15: *Composición para el cine. El fiel correpetidor*, trad. Alfredo Brotons Muñoz, Antonio Gómez Schneekloth y Breixo Viejo Viñas, 2007, 416 pp., contiene "Composición para el cine", "El fiel correpetidor", "Escritos didácticos sobre la praxis musical" y "Análisis para la interpretación de la nueva música".
Tomo 16: *Escritos musicales I-III*, trad. Alfredo Brotons Muñoz y Antonio Gómez Schneekloth, 2006, 688 pp., contiene "Figuras sonoras. Escritos musicales I", "Quasi una fantasía. Escritos musicales II", "Escritos musicales III" y un apéndice con tres textos afines.
Tomo 17: *Escritos musicales IV*, trad. Alfredo Brotons Muñoz y Antonio Gómez Schneekloth. 384 pp. Contiene: "Moments Musicaux. Artículos de 1928-1962 impresos de nuevo" e "Impromptus. Segunda serie de artículos musicales impresos de nuevo".

WALTER BENJAMIN

Angelus novus, trad. H. A. Murena, Barcelona, Edhasa, 1971, 217 pp., col. La Gaya Ciencia, 1.

Baudelaire. Un poeta en el esplendor del capitalismo, pról. y trad. Jesús Aguirre, Madrid, Taurus, 1972, 190 pp.

Correspondencia 1928-1940, con Theodor W. Adorno, trad. Jacobo Muñoz Vega y Vicente Gómez Ibáñez, Madrid Trotta, 1998, 339 pp.

Diario de Moscú, pról. Gershom Scholem, trad. Ricard Wilshusen, Barcelona, La Magrana, 1987, 250 pp.

Dirección única, trad. Juan J. del Solar y Mercedes Allendesalazar, 3a. ed., Madrid, Alfaguara, 2002, 98 pp.

Discursos interrumpidos 1, prol., trad. y selec. Jesús Aguirre, Barcelona, Planeta-Agostini, 1994, 206 pp.

Dos ensayos sobre Goethe, trad. Graciela Calderón y Griselda Mársico, Barcelona, Gedisa, 1996, 190 pp.

El autor como productor, trad. Bolívar Echeverría, México, Itaca, 2004, 60 pp.

El Berlín demónico. Relatos radiofónicos, trad. Joan Parra Contreras, Barcelona, Icaria, 1987, 171 pp.

El concepto de crítica de arte en el romanticismo alemán, trad. y pról. J. F. Yvars y Vicente Jarque, Barcelona, Península, 1988, 169 pp.

El origen del drama barroco alemán, trad. José Muñoz Millares, Madrid, Taurus, 1990, 244 pp.

Ensayos escogidos, trad. H. A. Murena, Buenos Aires, Sur, 1967, 137 pp.

Escritos autobiográficos, trad. Teresa Rocha Barco, Madrid, Alianza, 1996, 313 pp.

Haschisch, trad. Jesús Aguirre, Madrid, Taurus, 1972, 122 pp., reimpresiones 1974 y 1995.

Historias y relatos, trad. Gonzalo Hernández Ortega, Barcelona, Muchnik, 2000, 126 pp.

Imaginación y sociedad. Iluminaciones I, prol., trad. y notas Jesús Aguirre, Madrid, Taurus, 1980, 221 pp.

Infancia en Berlín hacia 1900, trad. Klaus Wagner, prol. José-Francisco Ybars, Barcelona, Círculo de Lectores, 1992, 190 pp.

La metafísica de la juventud, trad. Luis Martínez de Velasco, introd. Ana Lucas, Barcelona, Altaya, 1995, 189 pp.

La obra de arte en la época de su reproductibilidad técnica, trad. Andrés E. Weikert, México, Itaca, 2003, 127 pp.

Para una crítica de la violencia y otros ensayos. Iluminaciones, introd. y selec. Eduardo Subirats, trad. Roberto Blatt, 2a. ed., Madrid, Taurus, 1999, 164 pp.

Para una crítica de la violencia, selección de textos y trad. Mario Aurelio Sandoval, México, Premia, 1977, 219 pp., col. La nave de los locos, 22. 2a. ed., 1978.

Personajes alemanes, introd. José María Valverde, trad. Luis Martínez de Velasco, Barcelona, Paidós Ibérica, 1995, 152 pp.
Poesía y capitalismo. Iluminaciones II, trad. y pref. Jesús Aguirre, Madrid, 1972, Taurus, col. Praxis, 109, reimpresión de 1988.
Sobre el programa de la filosofía futura y otros ensayos, trad. Roberto J. Vemengo, Caracas, Monte Ávila, 1961, 251 pp., reeditado, Barcelona, Planeta-Agostini, 250 pp.
Sonetos, texto bilingüe, ed. y epílogo Rolf Tiedemann, trad. Pilar Estelrich, Barcelona, Península, 1993, 222 pp.
Tentativas sobre Brecht, prol. y trad. Jesús Aguirre, Madrid, Taurus, 1975, 152 pp.
Tesis sobre la historia y otros fragmentos, trad. e introd. Bolívar Echeverría, México, Itaca/Universidad Autónoma de la Ciudad de México, 2008, 118 pp.

Obras

Basadas en las *Gesammelte Schriften* de Benjamin, editadas por Rolf Tiedemann Hermann Schweppenhäuser con la colaboración de Theodor W. Adorno y G. Scholem, publicadas por la editorial Suhrkamp, Frankfurt am Main. Editada en español por Abada Editores, Madrid.

Libro I / vol. 1: *El concepto de crítica de arte en el Romanticismo alemán. "Las afinidades electivas" de Goethe. El origen del "Trauerspiel" alemán*, trad. Alfredo Brotons Muñoz, 2006, 459 pp.
Libro I / vol. 2: *La obra de arte en la época de su reproductibilidad técnica. Charles Baudelaire, un lírico en la época del altocapitalismo. Sobre el concepto de historia*, trad. Alfredo Brotons Muñoz, 2008, 365 pp.
Libro II / vol. 1: *Primeros trabajos de crítica de la educación y de la cultura. Estudios metafísicos y de filosofía de la historia. Ensayos literarios y estéticos*, trad. Jorge Navarro Pérez, 2007, 424 pp.

MAX HORKHEIMER

Anhelo de justicia. Teoría crítica y religión. Ed. de Juan José Sánchez. Madrid, Trotta, 2000. 248 pp. (Colección Estructuras y procesos. Serie Religión.)
Apuntes 1950-1969, trad. León Mames, Caracas, Monte Ávila, 1976, 259 pp.
Autoridad y familia y otros escritos, trad. Roman G. Cuartango, Barcelona/ México, Paidós Ibérica, 2001, 238 pp., col. Paidós studio, 145.
Crítica de la razón instrumental, trad. H. A. Murena y D. J. Vogelmann, Buenos Aires, Sur, 1969, 195 pp., 2a. ed. 1973, col. Estudios Alemanes.
Crítica de la razón instrumental, trad. Jacobo Muñoz, pres. Juan José Sánchez,

Madrid, Trotta, 2002, 187 pp., col. Estructuras y procesos, Serie Filosofía.
Dialéctica de la ilustración. Fragmentos filosóficos, en coautoría con Theodor W. Adorno, trad. Juan José Sánchez, Madrid, Trotta, 1994, 303 pp.
Dialéctica de la Ilustración. Fragmentos filosóficos, en coautoría con Theodor W. Adorno, trad. Joaquín Chamorro Mielke, Madrid, Akal, 2007, 316 pp., col. Akal básica de bolsillo, núm. 63; *Obra completa* de Adorno, t. 3.
Dialéctica del Iluminismo, en coautoría con Theodor W. Adorno, trad. H. A. Murena, Buenos Aires, Sur, 1969, 302 pp.]
Estado Autoritario, trad. y pres. Bolívar Echeverría. México, Itaca, 2006. 86 pp. [Una versión preliminar de la traducción se publicó anteriormente: Max Horkheimer, "El Estado Autoritario", trad. Bolívar Echeverría, en *Palos de la Crítica*, México, julio-sept., 1980, núm. 1, pp. 113-135.]
Historia, metafísica y escepticismo. Introd. Alfred Schmidt, trad. María del Rosario Zurro, Madrid, Alianza, 1982. 214 pp., col. El libro de bolsillo, 929, Sección humanidades, reedición Barcelona, Altaya, 1995, 214 pp.
La función de las ideologías, trad. Víctor Sánchez de Zavala, Madrid, Taurus, 1966, 67 pp., col. Cuadernos Taurus, 72.
La sociedad. Lecciones de sociología, en coautoría con Theodor W. Adorno, trad. Floreal Mazía e Irene Cusien, 2a. ed., Buenos Aires, Proteo, 1971, 205 pp., col. Biblioteca persona y sociedad, 14.
Lecciones de sociología, en coautoría con Theodor W. Adorno, trad, Juan Novella Domingo, Madrid, Magisterio Español, 1982, 156 pp.
Materialismo, metafísica y moral, trad. Agapito Maestre y José Romagosa, Madrid, Tecnos, 1999, 158 pp., col. Cuadernos de filosofía y ensayo.
Ocaso, trad. y prol. José M. Ortega, Barcelona, Anthropos, 1986, 177 pp., col. Pensamiento crítico, pensamiento utópico, 24.
Sobre el concepto del hombre y otros ensayos, trad. H. A. Murena y D. J. Vogelmann, Buenos Aires, Sur, 1970, 205 pp., col. Estudios alemanes.
Sociedad en transición. Estudios de filosofía social, trad. Joan Gordo Costa, Barcelona, Península, 1976, 211 pp., reedición, Barcelona, Planeta-Agostini, 1986, 211 pp., col. Obras maestras del pensamiento contemporáneo, 60.
Sociedad, razón y libertad, trad. e introd. Jacobo Muñoz, Madrid, Trotta, 2005, 165 pp., col. Estructuras y procesos, Serie filosofía.
Sociología, en coautoría con Theodor W. Adorno, trad. Víctor Sánchez de Zavala, Madrid, Taurus, 1966, 251 pp., col. Taurus humanidades, 3a. ed., 1979.
Teoría crítica, trad. Edgardo Albizu y Carlos Luis, Buenos Aires, Amorrortu, 1974, 291 pp., reimpresión, 1990.
Teoría crítica, trad. Juan J. del Solar B., Barcelona, Barral, 1973, 229 pp., col. Breve Biblioteca de Respuesta, 72.
Teoría tradicional y teoría crítica, trad. José Luis López y López de Lizaga, Barcelona/México, Paidós Ibérica/Universidad Autónoma de Barcelona,

Instituto de Ciencias de la Educación, 2000, 120 pp., col. Pensamiento contemporáneo, 59.

OTTO KIRCHHEIMER

En busca de la soberanía, México, El Colegio de México, Centro de Estudios Sociales, 1945, 57 pp., col. Jornada, 42.
Justicia política. Empleo del procedimiento legal para fines políticos, trad. R. Quijano R., México, Unión Tipográfica Editorial Hispano Americana (UTEHA), 1968, 501 pp., reimpresión con estudio preliminar de José Luis Monereo Pérez, México/Granada, Hispano-Americana/Comares, 2001, 568 pp., col. Comares de ciencia jurídica. Crítica del derecho. Arte del derecho, 32.
Pena y estructura social, en coautoría con Georg Rusche, trad. Emilio García Méndez, Bogotá, Temis, 1984, 270 pp., col. Pensamiento jurídico contemporáneo, 1, reimpresión, 1988.

HERBERT MARCUSE

Acerca del análisis de Bahro, en colaboración con Rudi Dutschke, Culiacán, Sinaloa, Universidad Autónoma de Sinaloa, 49 pp.
Calas en nuestro tiempo. Marxismo y feminismo. Teoría y praxis. La nueva izquierda, trad. Pedro Madrigal, Barcelona, Icaria, 1976, 106 pp.
Contrarrevolución y revuelta, trad. Antonio González de León, México, Mortiz, 1973, 150 pp., col. Cuadernos de Joaquín Mortiz.
Conversaciones con Herbert Marcuse (Conversaciones de Marcuse con: Jürgen Habermas, Tilman Spengler, Silvia Bovenschen, Marianne Schuller, Berthold Rothschild, Theo Pinkus, Erica Sherover, Heinz Lubasz, Alfred Schmidt, Ralf Dahrendorf, Karl Popper, Rudi Dutschke, Hans Christoph Buch), trad. Gustau Muñoz. Barcelona, Gedisa, 1980, 185 pp.
Cultura y sociedad, trad. E. Bulygin y E. Garzón Valdés, Buenos Aires, Sur, 1967, 126 pp.
El fin de la utopía, trad. Carlos Gerhard, 8a. ed. México, Siglo XXI Editores, 1973, 170 pp., col. Sociología y política.
El final de la utopía, trad. Manuel Sacristán, 2a. ed., Barcelona/México, Planta/Ariel, 1981, 181 pp.
El hombre unidimensional. Ensayos sobre la ideología de la sociedad industrial avanzada, trad. Juan García Ponce, México, Mortiz, 1968, 274 pp. Otra edición: trad. Antonio Elorza, Barcelona, Planeta-Agostini, 1995, 286 pp.

El marxismo soviético, trad. J. M. de la Vega, 5a. ed., Madrid, Alianza, 1984, 299 pp.

Ensayos sobre política y cultura, prol. de Miguel Siguan, trad. Juan-Ramón Capella, Barcelona, Ariel, 1970, 211 pp., col. Ariel Quincenal, 29, reedición de Planeta, 1986, 169 pp., col. Obras maestras del pensamiento contemporáneo, 55.

Eros y civilización. Una investigación filosófica sobre Freud, trad. Juan García Ponce. México, Mortiz, 1965, 285 pp. Otra edición: Barcelona, Ariel, 2002, 253 pp., 6a. ed.

Ética de la revolución, trad. Aurelio Álvarez Ramón, Madrid, Taurus, 1970, 180 pp.

La agresividad en la sociedad contemporánea. Ensayos, trad. Willy Kemp, Montevideo, Alfa, 1971, 147 pp.

La agresividad en la sociedad industrial avanzada y otros ensayos, trad. Juan Ignacio Saenz-Díez, Madrid, Alianza, 1971, 135 pp., 4a. ed. 1981, col. El libro de bolsillo, 337, Sección Humanidades.

La dimensión estética, trad. e introd. José-Francisco Ivars, Barcelona, Materiales, 1978, 142 pp.

La sociedad industrial y el marxismo, selec. y trad. Alberto José Massolo, Buenos Aires, Quintaria, 1969, 101 pp.

Ontología de Hegel y teoría de la historicidad, trad. Manuel Sacristán, 2a. ed., Barcelona, Martínez Roca, 1972, 314 pp.

Para una teoría crítica de la sociedad. Ensayos, Caracas, Tiempo nuevo, 1971, 214 pp.

Protosocialismo y capitalismo avanzado, epílogo Rudolf Bahro, Barcelona, Fontamara, 1981, 150 pp., col. Ensayo contemporáneo.

Psicoanálisis y política, trad. Ulises Moulines, 3a. ed., Barcelona, Península, 1972, 155 pp.

Razón y Revolución. Hegel y el surgimiento de la teoría crítica social, trad. Julieta Fombona de Sucre con la colab. de Francisco Rubio Llorente, Madrid, Alianza, 1971, 446 pp., col. El Libro de Bolsillo, Humanidades, 292, 1a. ed., en col. Área de conocimiento, Humanidades, 2003, 462 pp.

Un ensayo sobre la liberación, México, Mortiz, 1969, 94 pp. Otra edición: trad. Juan García Ponce, México, Mortiz, 1975, 94 pp.

Una apreciación. El movimiento en una nueva era de represión, México, Universidad Nacional Autónoma de México, Dirección General de Difusión Cultural, Departamento de Humanidades, 1972, 24 pp., col. Deslinde, Cuadernos de cultura política universitaria, 5.

FRANZ LEOPOLD NEUMANN

Behemoth. Pensamiento y acción en el Nacional Socialismo. 1933-1944, trad. Vicente Herrero y Javier Marquez, México, Fondo de Cultura Económica, 1943, 583 pp., col. Sección de política, reimpresiones: FCE, España, 1983; FCE, México, 2005.

El Estado democrático y el Estado autoritario. Ensayos sobre teoría política y legal, comp. y pref. de Herbert Marcuse, trad. Mireya Reilly de Fayard y Carlos A. Fayard, Buenos Aires, Paidós, 1968, 227 pp., col. Psicología social y sociología, 32.

Teoría y sociología. Críticas de los partidos políticos [compilación y prólogo, en colaboración con Kurt Lenk], trad. Ignacio de Otto, Barcelona, Anagrama, 1980, 491 pp.

BIBLIOGRAFÍA CONSULTADA

Aguilar Camín, Héctor, *La frontera nómada. Sonora y la revolución mexicana*, México, Siglo XXI Editores, 1979.
Benjamin, Walter, "Anmerkungen zu den Thesen über den Begriff der Geschichte", en W. Benjamin, *Gesammelte Schriften*, ed. de Rolf Tiedemann y Hermann Schweppenhäuser, t. I.3, Frankfurt am Main, Suhrkamp, 1980.
____, "Über den Begriff der Geschichte", redactado en 1940, incluido en el mimeógrafo, Institut für Sozialforschung (ed.), *Walter Benjamin zum Gedächtnis*, Los Ángeles, 1942, 166 pp., primera publicación impresa, como traducción al francés, realizada por Pierre Missac y autorizada por Max Horkheimer y Theodor W. Adorno, con el título "Sur le concept d'histoire", en *Les Temps Modernes*, París, julio-diciembre de 1947, vol. 3, núms. 22-27, pp. 624-634; primera edición impresa del original en alemán en *Die Neue Rundschau*, 1950, vol. 61, núm. 4, pp. 560-570. Además, en W. Benjamin, *Gesammelte Schriften*, vol. I, 2. 2a. ed., Frankfurt am Main, 1978, pp. 693-704.
Beyer, Wilhelm Raimund, *Hegel Bilder. Kritik der Hegel-Deutungen*, 2a. ed. aumentada, Berlín, Akademie Verlag, 1968.
Cuau, Bernard, *Au sujet de Shoah. Le film de Claude Lanzmann*, París, Berlín, 1990, 316 pp.
Darmstädter, Tim, *Geschichte und Identität. Film- und Diskussionstage an der Universität Frankfurt*, Frankfurt am Main, AStA-Linke Liste Uni Frankfurt, 1987.
Dubiel, Helmut, *Teoría crítica. Ayer y hoy*, trad. Gustavo Leyva y Oliver Kozlarek, México, Universidad Autónoma Metropolitana-Iztapalapa, 2000, 152 pp.
Echeverría, Bolívar (ed.), *Modernidad, mestizaje cultural, ethos barroco*, México, Universidad Nacional Autónoma de México/El Equilibrista, 1994, 393 pp.
____, *Las ilusiones de la modernidad*, México, Universidad Nacional Autónoma de México/El Equilibrista, 1995, 200 pp.
Felman, Shoshana, "A l'age du témoinage: *Shoah* de Claude Lanzmann" en Bernard Cuau *et al.*, *Au sujet de* Shoah. *Le film de Claude Lanzmann*, París, Belin, 1990, pp. 55-145.
Freud, Sigmund, "Das Unheimliche", en S. Freud, *Gesammelte Werke*, vol. XII, Frankfurt am Main, 1968.
Fromm, Erich y Maccoby, Michael, *Sociopsicoanálisis del campesino mexicano*, México, Fondo de Cultura Económica, 1973.

Gandler, Stefan, "Sobre el impacto generacional de la película de Claude Lanzmann", en *Desacatos. Revista de Antropología Social*, México, Centro de Investigaciones y Estudios en Antropología Social, núm. 29, enero-abril de 2009, pp. 159-170.

____, *Marxismo crítico en México. Adolfo Sánchez Vázquez y Bolívar Echeverría*, México, Fondo de Cultura Económica/Facultad de Filosofía y Letras, Universidad Nacional Autónoma de México/Universidad Autónoma de Querétaro, 2007, 621 pp., 1a. reimpresión 2008.

Gentile, Giovanni, *Teoria generale dello spirito come atto puro*, Florencia, 1944.

Hegel, Georg Wilhelm Friedrich, *Grundlinien der Philosophie des Rechts oder Naturrecht und Staatswissenschaft im Grundrisse*, con las notas de la mano de Hegel y adiciones según su viva voz, nueva edición reelaborada con base en las *Obras* [*Werke*] de 1832-1845, redacción de Eva Moldenhauer y Karl Markus Michel, Frankfurt am Main, Suhrkamp, 1970 [citado en este libro como *Philosophie des Rechts*].

____, *Rasgos fundamentales de la filosofía del derecho. O compendio de derecho natural y ciencia del Estado*, trad. Eduardo Vasquez, Caracas, Universidad Central de Venezuela, 1976 [citado en este libro como *Filosofía del derecho*].

Heller, Hermann, *Hegel und der nationale Machtstaatsgedanke in Deutschland. Ein Beitrag zur politischen Geschichte*, reproducción de la edición de 1921, Aalen, Zeller, 1963.

Hernández Delgado, Jaime, "El pensamiento fluctuante de Theodor Adorno", en *Ergo. Revista de Filosofía*, Xalapa, Veracruz, Universidad Veracruzana, septiembre de 1995, pp. 51-65.

Higginson, Steve y Wailey, Tony, *Edgy Cities*, Liverpool, Northern Lights, 2006, 71 pp.

Hilberg, Raul, *La destrucción de los judíos europeos*, trad. Cristina Piña Aldao, Madrid, Akal, 2005, 1455 pp., ed. original *The destruction of the European Jews*, ed. rev. y definitiva, Nueva York, Holmes y Meier, 1985, 3 vols.

Horkheimer, Max y Adorno, Theodor W. (eds.), *Walter Benjamin zum Gedächtnis*, Los Ángeles, Institut für Sozialforschung, 1942, 166 pp., mimeógrafo.

Klemperer, Victor, *LTI, Apuntes de un filólogo*, trad. Adan Kovacsics, Barcelona, Minúscula, 2001, 410 pp., ed. original: *LTI. Die unbewältigte Sprache*, Múnich, Deutscher Taschenbuch-Verlag, 1969, 286 pp.

Lennon, Peter, "Ghosts of Sobibor", en *The Guardian*, Manchester, 27 de julio de 2001.

Lukács, György, *El asalto a la razón. La trayectoria del irracionalismo desde Schelling hasta Hitler*, trad. Wenceslao Roces, México, Fondo de Cultura Económica, 1959, 707 pp., ed. original *Die Zerstörung der Vernunft*, Neuwied/Berlin, Luchterhand, 1962, *Werke*, t. 9.

____, *Historia y consciencia de clase*, trad. Manuel Sacristán, Madrid, Sarpe, 1985, col. Los Grandes pensadores, núm. 59.

Marcuse, Herbert, *Hegels Ontologie und die Grundlegung einer Theorie der Geschichtlichkeit*, Frankfurt/Main, Vittorio Klostermann, 1932, 367 pp.

____, *Reason and Revolution. Hegel and the Rise of Social Theory*, Nueva York, Humanities Press, 1941, 431 pp., 2a. ed., 1954, reedición, 1999.

____, *Vernunft und Revolution. Hegel und die Entstehung der Gesellschaftstheorie*, trad. al alemán de Alfred Schmidt, Neuwied, Luchterhand, 1962, 399 pp., reeditado como H. M, *Schriften, t. 4: Vernunft und Revolution. Hegel und die Entstehung der Gesellschaftstheorie*, Springe, zu Klampen, 2004, 399 pp.

Marx, Karl, *Das Kapital. Kritik der politischen Ökonomie. Erster Band [t. I]. Buch I: Der Produktionsprozeß des Kapitals*. Karl Marx, Friedrich Engels, *Werke*, t. 23, Berlin, RDA, Dietz, 1975, 995 pp.

____, *El capital, Crítica de la economía política. Libro primero. El proceso de producción de capital*, t. I, vol. 2, trad. Pedro Scaron, México, Siglo XXI Editores, 1975.

____, *El Capital. Libro primero. El proceso de producción de capital*, t. I, trad. Manuel Sacristán, México, Grijalbo, 1979, 64 pp. (publicación de los primeros dos capítulos como *El Capital 2*.), (col. Textos Vivos).

____, "Kritik des Hegelschen Staatsrechts [§§261-313]", en Karl Marx, Friedrich Engels, *Werke*, t. 1, Berlin, RDA, Dietz, 1972, pp. 203-333.

——, "Tesis sobre Feuerbach", en Karl Marx y Friedrich Engels, *La ideología alemana. Crítica de la filosofía alemana más reciente en sus representantes Feuerbach, B. Bauer y Stirner y del socialismo alemán en sus distintos profetas*, trad. Wenceslao Roces, Montevideo, Pueblos Unidos, 1959.

Neumann, Franz, *Behemoth. The structure and practice of national socialism*, 2a. ed. aumentada por un apéndice sobre los años 1941-1943, Nueva York, Octagon Books, 1943 (La segunda edición, ampliada por un apéndice actualizado, ya no se tradujo al español).

Rodríguez Fernández, Sofía, *Primera Forma*, Querétaro, Conaculta/Universidad Autónoma de Querétaro, 2003.

Rosenberg, Arthur, "Neumann, Franz: Behemoth-The Structure and Practice of National Socialism, Oxford University Press, Nueva York, 1942", reseña, en *Studies in Philosophy and Social Science*, Morningside Heights, Nueva York, Institute of Social Research, vol. IX, núm. 3, 1941, p. 526 ss., y en *Zeitschrift für Sozialforschung*, publicado por Max Horkheimer, año 9, 1941, reimpresión facsímilar, Múnich, Deutscher Taschenbuch Verlag, 1980.

Ruge, Arnold, *Aus früherer Zeit*, t. IV, Berlín, 1867.

Sánchez Vázquez, Adolfo, *Filosofía de la praxis*, México, Grijalbo, 1967, 383 pp., col. Ciencias económicas y sociales; nueva edición revisada y ampliada, México, Grijalbo, 1980, col. teoría y praxis, núm. 55, 464 pp.; Barcelona, Crítica, 1980, 426 pp., 5a. ed., México, Grijalbo, 1991, col. tratados y manuales; edición final revisada y ampliada por el autor, México, Siglo XXI Editores, 2003.

Schmidt, Alfred, *El concepto de naturaleza en Marx*, trad. de Julia M. T. Ferrari de Prieto y Eduardo Prieto, México, Siglo XXI Editores, 1983, 4a. ed., 244 pp. [1a. ed. 1976].

____, "Nachwort des Übersetzers", en Herbert Marcuse, *Vernunft und Revolution. Hegel und die Entstehung der Gesellschaftstheorie*, trad. al alemán de Alfred Schmidt, Neuwied, Luchterhand, 1962, pp. 375-376.

Topitsch, Ernst, "Hegel und das Dritte Reich", en *Der Monat. Eine internationale Zeitschrift*, Weinheim/Berlín, Beltz-Quadriga, núm. 213, año 18, 1966, pp. 36-51.

Treitschke, Heinrich von, *Deutsche Geschichte im neunzehnten Jahrhundert. Tomo 1. Bis zum zweiten Pariser Frieden*, Leipzig, Hirzel, 1913, 9a. ed., col. Staatengeschichte der neuesten Zeit, núm. 24, 795 pp.

PROCEDENCIA DE LOS TEXTOS

Teoría crítica, ¿sin Frankfurt?, publicado con el título "Quand même. Teoría crítica sin Frankfurt", en *Chamizal*, Universidad Autónoma de Ciudad Juárez, Ciudad Juárez, nueva época, año 2, núm. 5-6, enero-junio de 2005, pp. 21-36.

Interrupción del continuum histórico en Benjamin, publicado por primera vez en México con el título "Mesianismo y materialismo en Walter Benjamin", en *Revista Internacional de Filosofía Política*, Barcelona/México/Madrid, Anthropos/Universidad Autónoma Metropolitana-Iztapalapa/Universidad Nacional de Educación a Distancia, diciembre de 2004, núm. 24, pp. 127-157. Traducido en versiones resumidas, al francés, italiano, checo, turco y, por el autor, al alemán, en *Les Temps Modernes*, París; *Marxismo oggi*, Milán; *Filosofický časopis*, Praga; *Cogito*, Estambul y *Zeitschrift für kritische Theorie*, Lüneburg.

El problema del Estado. Marcuse y su interpretación de Hegel, inédito. Presentado como ponencia en el Coloquio Internacional *Hegel. La ciencia de la experiencia*, Universidad Nacional Autónoma de México, Facultad de Filosofía y Letras, 25-27 de abril de 2007 y en el Seminario *Religión y Política en Hegel a 200 años de la Fenomenología del Espíritu*, Universidad Autónoma Metropolitana-Iztapalapa, División de Ciencias Sociales y Humanidades, 13 y 14 de noviembre de 2007.

Dialéctica historizada. Herederos innobles de Horkheimer y Adorno, publicado por primera vez en México, con el título "Razón sin revolución. Reseña de: Helmut Dubiel, Teoría crítica. Ayer y hoy", en *Revista*

Mexicana de Sociología, Instituto de Investigaciones Sociológicas, Universidad Nacional Autónoma de México, México, vol. 64, núm. 1, enero-marzo de 2002, pp. 271-281. Traducido, por el autor, al alemán, en *Concordia*, Aachen.

Modernidad e identidad. Actualidad de la reflexión político social publicado con el título "Ciudad e identidad", en *Estudios e Pesquisas em Psicologia*, Rio de Janeiro, Universidade do Estado do Rio Janeiro, año 7, núm. 2, 2o. semestre de 2007, pp. 6-12. Traducido al italiano, inglés y, por el autor, al alemán, en *Marxismo oggi*, Milán; *Lo Straniero*, Nápoles e *Hintergrund*, Osnabrück.

ÍNDICE

PALABRAS LIMINARES 9

1. TEORÍA CRÍTICA ¿SIN FRANKFURT? 17
   ELEMENTOS BÁSICOS DE LA TEORÍA CRÍTICA 17
   EL ANTISEMITISMO ANALIZADO POR HORKHEIMER Y ADORNO 28

2. INTERRUPCIÓN DEL *CONTINUUM* HISTÓRICO
   EN WALTER BENJAMIN 37
   ¿POR QUÉ EL *ÁNGEL DE LA HISTORIA* MIRA HACIA ATRÁS? 43
   ¿POR QUÉ EL ÁNGEL DE LA HISTORIA *MIRA HACIA ATRÁS*? 46

3. EL PROBLEMA DEL ESTADO.
   MARCUSE Y SU INTERPRETACIÓN DE HEGEL 85
   ¿CUÁL ES EL NÚCLEO DE LA DOCTRINA DEL ESTADO DE HEGEL? 86
   EPÍLOGO A LA REFLEXIÓN SOBRE HEGEL Y MARCUSE 99

4. DIALÉCTICA HISTORIZADA.
   HEREDEROS INNOBLES DE HORKHEIMER Y ADORNO 107

5. MODERNIDAD E IDENTIDAD
   ACTUALIDAD DE LA REFLEXIÓN POLÍTICO-SOCIAL 118

BIBLIOGRAFÍA DE LA TEORÍA CRÍTICA EN ESPAÑOL 128
   THEODOR W. ADORNO 128
   WALTER BENJAMIN 131
   MAX HORKHEIMER 132
   OTTO KIRCHHEIMER 134
   HERBERT MARCUSE 134
   FRANZ LEOPOLD NEUMANN 136

BIBLIOGRAFÍA CONSULTADA 137
   PROCEDENCIA DE LOS TEXTOS 140

www.ingramcontent.com/pod-product-compliance
Lightning Source LLC
Chambersburg PA
CBHW020006050426
42450CB00005B/332